禅心の光芒

西村惠信
著

わが本師　南明和尚の真前に捧ぐ

心華明を発し、十方の刹を照らす（『禅関策進』より）
著者筆

目次

禅心の光芒

第一章　仏心の宗教

仏心宗

今日、私たちが親しんでいる仏教の経典は、初めは紀元前後にシルクロードを通って、遥か西域から仏典を将来したインドや中国の学僧たちが漢訳したものです。後になるとこれを三蔵法師と仰がれる訳僧たちが皇帝の命を受け、訳経院というところで、経典の翻訳に従事したのです。その内容は大きく経・律・論の三つに分類され、これを「三蔵」と言います。「経」は仏陀が説かれたものであり、「律」は仏教僧の守るべき戒律や生活の規則であり、「論」は仏陀が入滅された後、弟子たちが、仏教の内容をあれこれ論じたものであります。

三蔵経典（一切経）の数は、一口に五千四十余巻とも言われる膨大なものでありますから、ふつうの人間では、とても読破することはできません。中国の学僧たちは、それらの仏教経典を再読三読して、それぞれの経典の内容を比較検討（これを「教相判釈《きょうそうはんじゃく》」という）し、自分が信仰の基盤とすべき経典を撰んで、これを自分の信仰の基盤として立教宣言されたのです。

十三世紀末に凝然《ぎょうねん》（一二四〇〜一三二一）という日本の僧が、中国大陸には十三宗があると報告したようですが、その頃にはそれぞれの宗旨の教義は、まだそれほどはっきりしていなかったようです。

ところで禅宗の初祖達摩は、これら中国仏教十三宗を総称して「教宗《きょうしゅう》」とし、自らの一宗を「仏心宗《ぶっしんしゅう》」と呼んで峻別したことが、『景徳伝灯録《けいとくでんとうろく》』巻三の達摩章に書かれています。

不立文字

つまり、禅宗は他宗のように、特定の経典を所依の経典として撰び、それを根拠とする仏教の一宗ではありません。むしろ仏陀が四十五年の説法を通じてなされた教えの根拠である、「仏心そのもの」を伝えるのだという自負こそ、禅宗が初祖と仰ぐ達摩大師に擬して大切にしてきた、次の一句です。

達摩は西来して唯《た》だ心法のみを伝えたり。故に自《みずか》ら云えり。「我が法は以心伝心《いしんでんしん》、不立文字《ふりゅうもんじ》なり」と。此の心は是れ一切衆生の本覚《ほんがく》なり。亦たは仏性《ぶっしょう》とも名づけ、或いは霊覚《れいかく》ともいう。迷えば一切の煩悩を起こすも、煩悩も亦た此の心を離れず、悟れば無辺の妙用《みょうゆう》を起こすも、妙用も亦た此の心を離れず。妙用と煩悩と功過は殊《こと》なると雖も、悟に在るも迷に在るも、此の心は異ならず。仏道を求めんと欲せば、須《すべか》らく

此の心を悟るべし。（筑摩・禅の語録9『禅源諸詮集都序』二九六頁参照）

実存思想の台頭

一見、独我論的で傲慢にさえ見える開宗宣言ですが、本書を読んでもらえば、いずれおわかりになるように、ここにいう「禅的人間像」というものは、言うほどに金ピカなものではないのです。

私たち人間は、一人ひとりその性格は千差万別ですが、誰もが生まれつき頂いた「自己の本性（自性《じしょう》）」だけは、あくまで「自分だけのもの」であり、他人の本性と較べることのできない、自己の独自性であります。

まさにこれこそ、仏陀釈尊が誕生するや七歩歩んで、右の手で天を指し、左の手で地を指して、「天上天下《てんじょうてんげ》、唯我独尊《ゆいがどくそん》」と宣言されたところです。「天にも地にも、我れ独り尊し」。この広い世界の中に、自分ほど貴重な存在はない、と言い切られたのです。言うまでもなくこの「尊し」は、人間として生まれたこの自己の、独立自存の稀少性を宣言したものでありま す。その内容はどうであれ、この自分というものは、たとえどのように貧しく拙いものであっても、決して他人と引き替えることはできない。そういう意味での「我れ独り尊し」なのです。

人間のそういう自覚は、現代になってようやく、「実存《じつぞん》」という思想として、哲学的に自覚されてきました。一人で生まれて一人で死んでいく、この単独で有限な自己を見つめる思想が、ようやく登場してきたのです。

いちどこの世に生を享《う》けた者は、この与えられた命を生老病死の四苦や八苦に囲まれ、苦しみながらでも生きていかねばならない。誰も代わってくれる人はいない。だから自分自身で自分を大切にして、生きていかねばならないのが事実です。

禅宗の初祖達摩大師

仏陀の「我れ独り尊し」とは、そういう人間の単独性をいうのです。自己存在の真実を誤魔化すことなく直視すること、これこそが達摩の教えの核心であり、禅宗が「自力宗《じりきしゅう》」と言われるゆえんであります。

さて、禅宗の初祖と仰がれる達摩（くわしくは菩提達摩）は、六世紀の初め、中国は梁《りょう》の時代に、南天竺（インド）の国から遥ばる中国へやって来て、揚子江の北にある嵩山の少林寺に留まり、口で法を説くことなく、九年のあいだ壁に向かって黙々と坐禅を続けていた（面壁九年《めんぺきくねん》）と伝えられています。

伝によると、北魏の正光元年（五二〇）、達摩が面壁坐禅されているところへ、神光という僧がやって来て達摩に教えを乞いますが、達摩はいっこうに振り向こうともしません。立ち尽くしている神光の上に雪が降り、やがて神光の身体を埋めていきます。

この神光こそ、いらい達摩の下で六年間の修行をしてその法を嗣ぎ、中国禅宗の第二祖となった慧可大師《えかだいし》（四八七～五九三）その人であります。

慧可、臂《ひじ》を断《き》る

十二月九日の夜、大雪の積もる中で神光は立ち尽くしていた。明け方になると、雪が神光の膝を埋めた。達摩はこれを憐れんでようやく振り返り、やっと口を開いた。

達摩　貴方はそのように雪の中に立ち尽くして、何を求めようとしているのか。

神光　大師さま、どうか慈悲をもって、この苦しむ私をお救い下さい。

達摩　仏たちが伝えられた無上の妙道は、並大抵のものではない。小知小徳、軽心慢心を以てしては、徒《いたず》らに苦労するばかりじゃ。

神光はこれを聞くと秘かに懐中から利刀を取り出し、自分の左臂《さび》（左腕）を切り落とし、達摩の前に置いた。これを見た達摩は、この男は只者ではないと見抜いて、

達摩　仏たちは皆な法のために、自分の身体を投げ打って修行されたのだ。貴方は自分の臂を断ち切って私の前に置いた。それでよいのだ。私は貴方に、慧可《えか》という名を与えよう。

神光　私の心は安らかではありません。どうかこの心を安らげてください。

達摩　わかった。では、その不安な心をここへ出すがいい。安らげてやろう。

神光　そう仰って心を探しても、心を取り出すことができません。

達摩　そうか、それでこそ私は、お前の心を安らげてやれたわい。

（『景徳伝灯録』巻三、菩提達摩章参照）

不倒翁《ふとうおう》

ここで余談ながら、達摩が九年のあいだ面壁したことを象徴して作られたのが、お馴染みの「起き上がり小坊師」ですね。その身体には脚も手もありません。ジッと坐ったままで、手も脚も衣に包まれて見えなくなってしまった、ということでしょうか。

禅宗では別に達摩のことを、「不倒翁」などと呼んでいます。絶対に倒れない爺さん、という意味で、不倒不屈の精神を意味しているのでしょう。なぜ絶対に倒れないのかといえば、それは身体の中の、しかも下腹に重心があるからです。「起き上がり小法師」のように自分を支えるためには、その重心を自分の中に持つことだという、これは禅宗の根本的な教えなのです。

最近は選挙などになると、どこの事務所にも起き上がり小坊師が飾ってあります。この起き上がり小坊師という置物は、ちょうど今から三五〇年程前に、中国は明《みん》の時代に、中国に残っていた禅宗の初祖達摩が商人たちの信仰を得て、商売繁盛の守護神として創られたもののようです。それが日本では江戸の中期に来日してきた黄檗宗の隠元《いんげん》禅師と一緒にやって来た華僑《かきょう》たちによって、もたらされたもののようです。

禅宗という一宗の伝達が、他の宗派のように口で説法するという手段に依らず、深い沈黙のうちになされるということを示すよい例ですね。達摩の「沈黙」こそは、いまや世界に広がった禅ブームとともに、人びとに愛される、禅独得のデモンストレーションといえるでしょう。

キリスト教徒の沈黙

因みに、沈黙ということを大切にする宗教は、禅だけではありません。私が若い頃、一九六〇～六一年にかけて、アメリカで生活を共にしたクエーカー教徒たちも、日曜日になると大人も子供も正装して、女性は網のある帽子をかぶり、天窓しかない薄暗い木造のミーティング・ハウスに集まり、歌もお説教もなしで、ただ粗末なベンチに腰掛け、沈黙してキリストの降臨を待つだけでした。

彼らはこの神聖な祈りを、「沈黙のうちに神を待つ」（Waiting upon the Load in silence）と呼んでいました。信者の誰かが神を感じると、身震いしながら立ち上がり、参集している人びとに神の言葉を伝えるのです。三五〇年前、イギリスのジョージ・フォックス（一六二四〜一六九一）によって始まったこの人たちの集まりを、旧教の人たちが揶揄《やゆ》して、「震える人（クエーカー）」と呼んだのですが、プロテスタントの一派である彼らの宗派の正式名称は、「キリスト友会」（Religious Society of Friends）です。

後年、私は宗教対話のために招かれ、何度かヨーロッパやアメリカのカトリック修道院を訪ねましたが、ここでも修道士たちは、生涯修道院の門を出ないという終生誓願を立て、沈黙と労働に明け暮れていました。私はそれを見て、禅宗に限らない「沈黙」の普遍性に、深く思い至った次第です。

二入四行論《ににゅうしぎょうろん》

ところで前世紀の初め、中国奥地の敦煌から発見された膨大な文献の中に、どうやら達摩の作と考えられる、『二入四行論』という貴重な資料が発見されたのです。今日この語録は、達摩の教えを知るための、最も根本的な資料と考えられていますので、この機会にその冒頭部分を少し要約しておきましょう。

　仏の道に入る道には色々あるが、要するに「理入《りにゅう》」と「行入《ぎょうにゅう》」の二種に尽きるであろう。

「理入」とは教えによって、生きとし生けるものは皆な同じ本性を持っているが、煩悩に覆われてそれが見えないだけだ、と信じることだ。だから壁に向かって坐禅をして、自分も他人も、聖者も凡人もみな同じだと固く信じて、文字で書いたような教えに従えば、真実とぴったり一つになる。これを理入というのだ。

「行入」には、四つの行がある。第一は「報怨行《ほうおんぎょう》」。自分が苦しみを受けるのは、前生から言動が本末転倒していたため、今、みんなから怨みを受けるのだ。これはみな自分の悪業の結果だと甘んじて受け、それに対して怨みを抱かないことだ。

第二は「随縁行《ずいえんぎょう》」。すべての存在には実体がなく、ただ縁によってできあがっているに過ぎないのだから、たとえ善いことがあっても喜んだりしないことだ。縁がなくなれば、すべては無くなってしまうのだから。

第三は「無所求行《むしょぐぎょう》」。世間の人のようにものに執着せず、何も求めないことだ。知者であれば真実を悟り、心を無にして願うことさえない。もとより身体がある限り、苦しみの絶えることもない。だからすべての想念を止め、何も求めないことである。

第四は「称法行《しょうぼうぎょう》」。人間の本性（法）というものは、もともと清浄であるからである。このことを信ずれば、すべてが法に称《かな》うことをいう。

（筑摩・禅の語録1『達摩の語録』三一頁参照）

第二章　己事究明の仏道

デカルトの身心二元論

さてここで、心というものはいったい如何なるものか、について考えることから始めましょう。私たちは誰でも「心」と聞くと、すぐ人間を身体と心に分けて、心というものが身体のなかのどこかに存在している、というように思ってしまいます。

では、もしそんな心というものがあるとすれば、どこにどんな形をして存在するのか、と改めて聞き直されると、そう簡単には答えられませんね。

ところが西洋では近世になると、フランスのデカルトという哲学者が、「我思う、故に我あり」（cogito ergo sum）と言って、「物を知る心のハタラキ」（思惟）こそ自己の本質的内容であるとして、心を持たず広がりだけを持つ「物の世界」と、はっきり区別しました。

これは、物も心も同じく神様の創られたものだ、と信じていた中世人の考え方に対して、デカルトが近世人を代表してこれを疑い創唱した、いわゆる「物心二元論」です。

こうして西洋の近世人たちは、デカルトによって心をもぎ取られた自然や、その一部である身体を、自然科学や医学によって、「死せる物」として自由奔放に取り扱うようになったのです。それによって科学や医学は大いに発展しました。それはそれでよかったのでしょうが、それがまた現代を生きる私たちに、思わぬ禍根を遺してしまったのです。

では、いったい「心」というものは、どういうものであるか。そういう心を一生懸けてでも探し求め、物の世界の中にしっかりと掴み取ろうとするのが、実は禅という宗教なのです。いわゆる「物心一元論」です。

そういう意味で禅宗の教えは、近現代の理性主義と真っ向から反するものというべきであります。にも拘わらず今日、その禅宗の祖師たちの言葉や坐禅の実践が改めて、世界中の人びとによって注目されるようになったのは皮肉というべきですね。

教えというものとは別の伝え方

ともかくこうして、中国は六世紀の梁の時代に達摩が初祖となり、慧可がそれを嗣ぐ二祖となって、「禅宗」という新しい仏教の一宗が始まったのです。禅宗という新しい仏教は、他の宗派のように特定の経典に基づくのではなく、ただ、心を以て心に伝える（以心伝心《いしんでんしん》）という、独自の教えを説いたのです。

そしてこのような仏心の伝達のために、どうしても一度は自分の心というものをはっきり掴み取る必要があり、そのために坐禅修行という宗教的実践が不可欠の条件となったのです。

要するに達摩の仏法は、言葉や文字によってではなく、それとは全く別の仕方によってでなければ伝えることのできないもの、として登場してきたのです。

坐禅という「身心一如」の実践によって、人間が生まれる前から持っている本当の自分（「父母《ふぼ》未生《みしょう》以前《いぜん》の本来《ほんらい》の面目《めんもく》」）を自覚し、改めてこの自分という存在の意味をはっきりさせ、自分が仏さまと同じ「覚者《かくしゃ》」（buddhaというサンスクリット語の意訳）になること、つまり自分自身が仏になること、これこそが禅僧にとっての本命となったのです。このことを禅宗では「己《こ》事究明《じきゅうめい》」（自分とは何かと問い詰めること）と言い、今も禅僧たるものの果たすべき、生涯の課題とされているのです。

廓《かく》然《ねん》無《む》聖《しょう》

達摩が中国へやって来たことを知った皇帝、梁《りょう》の武帝《ぶてい》が達摩を宮廷へ招き、両者の間に次のような問答が交わされました。この問答はさすがに、宗門第一の書と言われる『碧巌録《へきがんろく》』（または『雪竇百則頌古《せっちょうひゃくそくじゅこ》』）の第一則に、次のように採り上げられています。

武帝　この世で最も素晴らしいものは何ですか（如何なるか是れ、聖諦《しょうたい》第一義《だいいちぎ》）。

達摩　カラリとしたもので、素晴らしいとさえも言えません（廓然無聖）。

武帝　私の前に立っている貴方は、いったい誰ですか（朕《ちん》に対する者は誰《た》ぞ）。

達摩　知りません（不識《ふしき》）。

（筑摩・禅の語録15『雪竇頌古』九頁参照）

禅宗では真実の自己のことを、「無我《むが》」と言っています。その深い内容を知ろうとすると、これはなかなか難しいのです。禅の修行は、坐禅することによってこの無我という「真実の自己」を自覚することであり、これを「見性《けんしょう》」（悟り）と言っています。

ふつう無我と聞くと誰でも、それは無我無心になることだ、と早合点をするでしょう。しかし、禅宗でいう無我は、そのような心理的な無心のことではありません。実際問題として、そんな無我によって現実の日常生活を送ることはできませんね。やはり人間である以上われわれは日常生活において、自分というものについてのはっきりとした自覚がなければ、生活できません。

私たちは日常生活において、そういうはっきりした自己の自覚に基づいて、周りの世界をはっきりと認識し、行動するのでなければなりません。そういうしっかりした自己意識がなければ、それこそ自己喪失という状態であって、大切な時間を虚《うつ》ろに過ごしていくばかりです。これでは自分の人生が、あまりにも勿体ない、ということでしょう。

ところで、達摩が武帝から、「私の前に立っている貴方は、いったい誰ですか」と問われて、「不識《ふしき》」（知りません）と答えたのは、いったい何を意味しているのでしょうか。

眼は眼を見ず

ふつうわれわれは、「人に言われなくても、自分のことぐらいはよく識っているわい」と自負しています。だから初めての人に出会うと、自分のことをあれこれと、自己紹介するのです。

しかしよく考えてみると、自分のことをあれこれと説明しているこの自分は、いったい何ものか、本当に自分を識っているのかと問い直されれば、自分が識っている自分は「自分そのもの」ではなくて、自己意識を通して

「識っている自分」であり、要するに客観的に見て識っている自分なのですね。こういうのを哲学では、「意識的自己」と呼んでいます。これは「事実として存在する自己」とは、全く無関係な自己なのです。

実際問題として私たちは、自分でさえ見たことのない自分の内面、つまり自分の性格や心まで、あたかも識り尽くしているかのように思っています。しかしよく考えてみると、それはどこまでも事実としての自分ではなく、鏡に映ったような自己を見て識っている、「客観的自己」に過ぎないのですから、自己そのものではないのです。

実際われわれは、自分のことなら他人の誰よりもよく識っている、と思い込んでいるわけですが、自分の頭のてっぺんを見たことは一度もないし、背中にホクロがあることなど、人から聞いて識っているだけなのですからね。「鏡に映ったものは、実物そのものではない」のです。

このことを、もっとはっきり言い切る禅語に、「眼は眼を見ず」というのがあります。確かに眼は何でも見ることができますが、対象を見ているその眼だけは見ることができません。その不可視性こそが、眼というものの本質なのですから、変な話ですね。

そう考えると達摩さんが武帝から、貴方は誰ですかと言われて、「不識」と答えたことは、正しい自己の説明であったわけです。そういう「不識」によって自己を確認するのが、禅宗という宗教なのです。ここに自分の宗教を、「仏心宗《ぶっしんしゅう》」などと称して誇示する、禅者の面目があるのです。

仏心とは

では、宗祖である達摩は、「心」というものを、どのように捉えていたのでしょうか。先に挙げた達摩の『二入四行論《ににゅうしぎょうろん》』に、次のような問答が見えます。

問う　仏心とは、どのようなものですか。

達摩　心が形を持たないことを「真如《しんにょ》」といい、心が変化しないのを「法性《ほっしょう》」といい、心が何ものにも支配されないのを「解脱《げだつ》」といい、心が何ものにも妨げられないで自由であることを「菩提《ぼだい》」（悟り）といい、心が静かに落ちついていることを「涅槃《ねはん》」（迷いの生滅）というのだ。

（筑摩・禅の語録1『達摩の語録』七一頁参照）

これを見ますと、達摩がいう「仏心《ぶっしん》（禅心）」とは、

形のないもの（真如）である。

変化しないもの（法性《ほっしょう》）である。

何にも支配されない絶対の自由（解脱《げだつ》）である。

拘《こだ》わりのない自由（菩提《ぼだい》）である。

寂滅という静寂（涅槃《ねはん》）である。

ということになります。達摩のいう「仏心」とはそういうものであり、そういう仏心をはっきりと自分のものにすることこそが、「仏心宗」としての禅宗の面目なのであります。

第三章　体究錬磨の彼方に

宗教間対話の時代

世界の諸宗教は信仰の宗教と、体験の宗教とに大別されると言われます。いくら神の実在を体験しようとしても、「この罪深い人間にとって、神を自分のものにするなどということはあり得ない」とする、キリスト教のような救済宗教を信じる一般の人びとは、ひたすら神や仏の存在を信じ、神仏に祈る生活を送っておられます。

私自身、前述のように、禅坊主として徒弟教育を受けながら、学生時代から他力の仏教やキリスト教のような救済宗教に対して、浅からぬ関心を抱き、そのことを通して、逆に禅仏教の特殊性を知ろうとしてきました。今でも毎年開催される「禅とキリスト教懇談会」の古参会員として、すでに五十年来、キリスト教徒や他の仏教宗派の皆さん、あるいは神道家の人たちと勉強会を続けています。

今日、いろいろな宗教対話の集まりに参加しますと、皆さんはよく、

分け登る　麓の道は　多けれど
同じ高嶺の　月を見るかな

という古歌を引き合いに出し、いずれの宗教も求める真理は一つだ、と言われますが、私にはそう思えないのです。

さまざまな宗教の信者さんたちは皆なそれぞれ一所懸命に、自分の選ん

だ真理の山道を登ってきておられます。ただ残念なことに、自分の登る険しい道と、その道に咲く草花や、そこから見下ろす下界の景色だけは知っていても、同じ真理の山の反対側から登ってくる人たちの、見る道や景色のことは知りません。

だから、私はそういう人と「出会う」ことによって、真理の山の自分の知らない登山道や、そこから見える景色のことを聴きたいのです。もちろんこのことによって、お互いの宗教の持つ意味や価値が相対化されることはあり得ません。

それどころか、自分の知らない側面を知ることによって、自分の宗教がもつ意味と欠如を補うことを真剣に望んでいるのです。そういう願いを皆さんにも知って頂きたく、三年前私は、旧い友人である上智大学名誉教授の越前喜六神父に願い出て、二人の共著『禅僧と神父の軽やかな対話』（大法輪閣、二〇一八年）を出版し、多くの人から共感を頂いているところです。

体験の宗教

いろいろな宗教の中には、神秘体験的な色彩の強いものがあります。殊にカトリック修道院の生活などでは、祈りと労働をスローガンにしていますが、それらはどちらかと言えば、修道士だけに限られた信仰の形態であって、必ずしも一般的ではないようです。

仏教においても然り。浄土教系の宗派などを見ますと、信仰第一主義のように見えます。いわばこの罪深い凡夫である自分には、「弥陀の本願」を信じるほかに救われる道はないと信じ、そういう信仰の生活を送るのです。

そうかと思えば、同じ浄土真宗の中にも、妙好人《みょうこうにん》（浄土真宗の在俗の篤信者）のように、暮らしのなかで弥陀とともに生きようとする、体験的な信仰者もいるわけです。

また天台宗や真言宗のようないわゆる山岳宗教においては、行者《ぎょうじゃ》といって山中を巡り歩いたり、滝に打たれたり、火を渡ったりする宗教もありますから、これも体験の宗教と言っていいと思います。

そもそも仏教というものは、仏陀自身が人生と世界の無常に対して根本的な疑問を抱き、そのために生まれつき与えられていた王位に満足できず城を捨てて出家され、六年にわたる苦行の結果、苦行は正しい道ではないと知り、改めて菩提樹の下で深い禅定に入り、遂に正覚を得て仏陀となられたことに始まります。このように、坐禅と悟りこそが仏教成立の根本ですから、仏教というものはやはり、基本的には「体究錬磨の宗教」であるといえましょう。

禅宗の独自性

特に禅宗は、仏陀の宗教体験を真っすぐに受け継いできた、むしろ例外的な仏教の一派と言い得るかも知れません。そもそも「禅」という語がサンスクリットのジャーナ（jhāna）を音訳したもので、その意味は静慮《じょうりょ》、すなわち静かに坐って自己を見つめる、ということなのです。禅宗の本命はなんといっても、万事を投げ捨てて、ひたすら自己と対決する、文字通りの体験的宗教でなければなりません。

もちろん静かに考えると言っても、何かについての問題を考えるというような、対象的、思索的なものではなく、全身全霊を挙げて自己そのものと一つにならなければなりません。だから無我になれと教えるのです。禅宗ではこの道程を「己事究明《こじきゅうめい》」と言っています。

それは自己を対象として、これを概念的に思索しようとするような、哲学的なものではなく、自己そのもの全体が、疑いそのものになり切るということで、禅ではこれを「疑団《ぎだん》」（疑いの塊り）と言っております。祖師たちの教えからいうと、そこにこそ自己の存在理由（レーゾン・デートル）があるのです。

一行三昧

六祖慧能の語録である『六祖壇経《ろくそだんぎょう》』の中で慧能は、次のように説いています。

お前たちよ、馬鳴《めみょう》（二世紀頃の人、生没年不詳。禅宗ではインドに於ける第十二祖と仰がれているが不詳）の『大乗起信論《だいじょうきしんろん》』のなかに、次のようにある。

一行三昧《いちぎょうざんまい》というのは、あらゆる処で、歩いても立っても、坐っても寝ていても、いつでも混じりけのない真っすぐな心で話したり考えたりされているのが、それである。『維摩経』にも、「直心是れ浄土こそ、仏菩薩のおられるところだ」とある。人にへつらった心を持ちながら、口先ばかり一行三昧では駄目だ。ひたすらに真っすぐな心を実践し、何者に対しても執着があってはならない。

真実を見失った人は、一行三昧という形に囚われ、坐って動かないとか、心を動かさないのを一行三昧だと言う。こんなのは草木みたいな心のないもので、道の妨げになるだけだ。

お前たちよ。道は必ず流通《るづう》しなければならないのに、どうしてそんなに渋滞させるのか。心にさえ滞らなければ、道はただちに広がるのだ。心に引っ掛かると、自分を縛りつけるだけだ。

（筑摩・禅の語録4『六祖壇経』五五頁参照）

坐禅の歌

禅は坐禅の宗教だということをわかりやすく説いた人に、江戸時代を生きた、臨済宗の白隠慧鶴《はくいんえかく》（一六八五〜一七六八）という禅僧があります。

この方は生涯、駿河の国（今の静岡県）の原宿《はらじゅく》という宿場にある松蔭寺《しょういんじ》という小庵に住み、全国から雲集する修行僧を相手に、臨済禅を指導されました。

彼は近世人らしく、禅宗史上初めて「公案体系《こうあんたいけい》」というものを創出され、一種のカリキュラムに基づいた合理的な修行方法によって、多くの修行者を悟りに導かれたのです。

今日、日本の臨済禅は、すべてこの白隠の創出された修行方法によって、その命脈を保っています。白隠なかりせば、日本の臨済禅は早くに滅びてしまっていたのです。だから白隠は、「日本臨済禅中興の祖」と仰がれているのです。

また他方、白隠は、同時代に生きる世間の人びとに対しての、いわゆる民衆教化にも努力を惜しまれませんでした。例えば白隠は、「坐禅和讃《ざぜんわさん》」という次のような讃文《さんもん》を作って、世間の人びとに坐禅を勧められたのです。

衆生本来仏なり　　水と氷の如くにて

水を離れて氷なく
衆生近きを知らずして
譬《たと》えば水の中にいて
長者の家の子となりて
六趣輪廻《ろくしゅりんね》の因縁は
闇路に闇路を踏みそえて
夫《そ》れ摩訶衍《まかえん》の禅定《ぜんじょう》は
布施や持戒《じかい》の諸波羅蜜《しょはらみつ》
其《そ》の品多き諸善行
一座の功をなす人も
悪趣《あくしゅ》いずくに有りぬべき
辱《かたじけ》なくも此の法《のり》を
讃歎随喜《さんだんずいき》する人は

衆生の外に仏なし
遠く求むるはかなさよ
渇《かつ》と叫ぶがごとくなり
貧里に迷うに異ならず
己《おのれ》が愚痴の闇路《やみじ》なり
いつか生死《しょうじ》を離るべき
称歎《しょうたん》するに余りあり
念仏懺悔《さんげ》修行等《とう》
皆なこの中《うち》に帰するなり
積みし無量の罪《つみ》ほろぶ
浄土即ち遠からず
一たび耳にふるる時
福を得《う》ること限りなし

況《いわ》んや自ら回向《えこう》して　直《じき》に自性を証すれば
自性即ち無性にて　すでに戯論《けろん》を離れたり
因果一如《いんがいちにょ》の門ひらけ　無二無三の道直《なお》し
無相の相を相として　行《ゆ》くも帰るも余所《よそ》ならず
無念の念を念として　謡うも舞うも法《のり》の声
三昧無礙《さんまいむげ》の空ひろく　四智円明《しちえんみょう》の月さえん
此の時何をか求むべき　寂滅現前するゆえに
当処《とうしょ》即ち蓮華国《れんげこく》　此の身即ち仏なり

白隠によると、現在この娑婆世界に生きている悩みの多い私たちこそ、ほかならぬ仏なのだ。それ以外のところに仏さまはおられない、と言われたのです。そんな大事なことを知らずに、遠いところに仏さまを求めているとは、なんという無知であろうか、というわけです。

仏は水であり、衆生は氷だと喩えられているところが、また素晴らしい。なるほど水も氷も、もともと本質は同じH_2Oです。水がなかったら氷もないわけです。この迷いの衆生がなければ仏なんかあり得ない、ということになります。そのことに気づけば、われわれは凡夫のままで、もう既にお浄土の真っ只中だ、と言われるのです。

生活信条

たとえそこまでいかなくても、坐って静かに自己を見つめることこそ、坐禅ほんらいのあり方でなければなりません。したがって臨済宗妙心寺派の檀信徒が行じるべき「生活信条」に、次のように示されています。

一日一度は静かに坐って　身体と呼吸と心を調えましょう
人間の尊さに目覚め　自分の生活も他人の生活も大切にしましょう

生かされている自分を感謝し　報恩の行を積みましょう

かつて花園大学の学長であった山田無文老師の作られたこの「生活信条」は、禅宗の徒である者の生活のあり方を、実に端的に、よく示しておられると思います。

後で述べるこの坐禅ということも、ただ単に独りでじっと坐っておればよい（これを「鬼窟《きくつ》裏《り》の禅」という）というようなものではなく、その静寂は日常生活の慌ただしい動きのなかにおいても、維持されなければならないのです。

さて、このような体験を本質とする禅宗は、初祖達摩大師いらい、歴代の祖師たちによって、どのように伝えられてきたのでしょうか。

本書では、祖師の語録を引用しながら、禅心の本質とその伝達、そしてその日常生活の中でのハタラキ（これを私は光芒と名づけたのです）について、できるだけ丁寧に説明してみたいと思います。

臨済の宗風

中国の唐時代（七〜十世紀頃）は、禅宗がもっとも栄えた時代で、その頃には同じ禅宗といっても、「五家七宗《ごけしちしゅう》」というように色々な宗派に分裂し、それぞれの祖師たちが、独自の説き方を発揮して、門人たちを指導したのです。

そういう宗派の個性や特色を、「宗風《しゅうふう》」とか「家風《かふう》」と言うのですが、そんな中で臨済宗の宗祖、臨済義玄《りんざいぎげん》（?〜八六七）という禅僧は、特に荒っぽい手段で門人たちを指導しました。その宗風は「臨済将軍《りんざいしょうぐん》」などと言われ、人びとのあいだで懼《おそ》れられたのです。

臨済禅師によると、人間たるものはしっかりした見識を持って、仏や祖師というような権威あるものをも切り捨てていかなければ、本当の自分を手にすることなどできるものではない、と説かれたのです。

それかあらぬか、さまざまな家風を発揮した中国禅の多くの宗派は、その後しだいに絶えてなくなってしまいましたが、今日、日本に現存する禅宗と言えば、「臨済宗」と「曹洞宗」だけになってしまったのです。

因みに、日本禅三宗の一つとされている「黄檗宗《おうばくしゅう》」は、もともと中国において臨済宗から分派したものです。しかしその宗風の中には、やはり中国明代特有の「念仏禅」（坐禅を組みながら念仏する）の要素が、濃く入っている特色があります。

殺仏殺祖《せつぶつせっそ》

さて、ここではまず、臨済禅師の語録である『臨済録』の中の「示衆《じしゅ》」（修行者たちへの説法）の一段によって、その荒っぽい教えの内容をご紹介してみましょう。

お前たち修行者よ、「如法《にょほう》の見解《けんげ》」（仏法に叶った見識）を得たいと思うなら、他人の言うこと（人惑《にんわく》）に引き廻されていてはならない。内に向いても外に向いても、出逢った者はぶっ殺してしまえ。仏に逢えば仏を殺し、祖師に逢えば祖師を殺し、羅漢に逢えば羅漢を殺し、父母に逢えば父母を殺し、親族に逢えば親族を殺せ。それでこそ初めて、一切のものに束縛されない自由（透脱自在《とうだつじざい》）を手に入れることができるのだ。

（筑摩・禅の語録10『臨済録』一〇一頁参照）

これは、『臨済録』の中で「殺仏殺祖」の説法として知られ、臨済という禅僧はまた、なんという恐ろしいことを教えられたのか、と誰が聞いても眉をひそめるような一段です。

言うまでもなく臨済は、殺人を勧めているのではありません。要するに如何なる権威あるもの、たとえそれが仏祖や父母であっても、束縛されて自己を失うことがあってはならない。それほどまでに揺るぎなき自己の真の自由自在を手にしなければならないのだ、と説いておられるのです。

臨済禅の特色はこのように、他に例を見ない荒っぽさによって、揺るぎない自己を確立する点にあるのです。もちろんその自己は、人の言うことに耳も貸さないような、独りよがりの自己中心主義でないことは、やがておわかりになるでしょう。

体究《たいきゅう》錬磨《れんま》せよ

では、臨済の説かれる「真実の自己」（父母《ふぼ》未生《みしょう》以前《いぜん》の本来《ほんらい》の面目《めんもく》）とは如何なるものか、それをしっかり見つけるためには、「体究錬磨」（厳しい修行）なしにはあり得ない、と説かれているのです。

そこで本章では、この「体究錬磨」ということを、その後の祖師たちが、どのように実践されたか、いくつかの例を引いてみましょう。

まずそれまでに、臨済自身が弟子たちに向かって説かれた、次の一段が大切です。

修行者たちよ、私も昔は戒律に関心を抱いたり、経論《きょうろん》（経典や学僧たちの論書）の研究もしたが、やがてそんなものは世間的な苦しみを救うための薬に過ぎないことがわかって、全部捨ててしまった。それからはひたすら、仏道修行に努め、坐禅の実践に打ち込んだのだ。そうするうち、さいわい素晴らしい禅僧、黄檗《おうばく》希運《きうん》（?～八五〇頃）和尚に出会うことができ、ようやく悟りの眼が開き、天下の禅僧たちの本性を見抜くことができ、彼らの真偽を見分けられるようになった。もとよりこんなことは、生まれつきわかるものではない。いちど自分自身で体究錬磨してこそ、ある時ハッと気づくのだ。

（同『臨済録』一〇一頁参照）

さて、ここではその「体究錬磨」ということについて、禅宗の祖師たちが如何に苦労されたか、いくつかの例を挙げてみましょう。これがなければ、今日まで禅宗などという一派は続いてこなかったでしょうし、私たち自身も、禅というものにお眼に掛かることはなかったでしょう。

祖師たちの苦行

禅録の一つに、『禅関策進《ぜんかんさくしん》』というものが伝えられています。この禅録は、中国は明《みん》の時代に、雲棲袾宏《うんせいしゅこう》（一五三五〜一六一五）という人が編まれたもので、禅の祖師たちが、どのように苦労して自己を追求したかを、後に伝えようとしたものです。

ここではその「諸祖苦功節略第二《しょそくこうせつりゃくだいに》」などからいくつか引用し、祖師たちが如何に苦労して、自分と取り組まれたかを見てみましょう。

まず、仏陀直系の祖師の一人である、西天第十祖と仰がれる脇尊者《きょうそんじゃ》という方です。この方は六十年のあいだ母の胎内に宿っていたので、生まれたときその髪の毛は、既に白かったと言われています。

そのために在家の生活を嫌って出家し、早く悟り（阿羅漢果《あらかんか》）を得た人と伝えられていますが、日夜坐禅に励み、脇を席に付けて眠ることがなかったことから「脇尊者」と仰がれた方です。

まず、その修行ぶりを見てください。

脇、席に着けず

脇尊者は歳八十にして出家した。若い出家たちはこれを誹《そし》って、「出家の修行は、坐禅と経典の学習にある。あんな老人に、どうしてそのようなことができようか」と噂《うわさ》した。

これを聞いた尊者は、「自分がもし三蔵（経・律・論）の学習が全うできず、三界の欲を断じ、六神通を得、八解脱を得ることができなかたら、もう脇を席に着けない」と誓った。

いらい尊者は、昼は教理の学習をし、夜は坐禅を実践すること三年。遂にその誓いを実行した。人々はその様子を見て、「脇尊者」と呼んで尊敬した。

（筑摩・禅の語録19『禅関策進』二二五頁参照）

静琳《じょうりん》禅師は、経典を講釈することを止めて、以後は坐禅に専念した。坐禅していると眠くなり心が惑乱した。近くに千仞の谷を見下ろす崖があり、一本の樹が谷へ突き出ていた。禅師はその樹の上に草を敷き、その上で坐禅を組み、精神を統一し、一昼夜を経た。墜落する危険に恐怖すると、それこそ全心全霊を挙げて身心を統一した。そして遂に悟りを開いた。

（同『禅関策進』一五〇頁参照）

金光寺《こんこうじ》の照《しょう》禅師は十三歳で出家し、十九歳で洪陽山《こうようざん》に入り、迦葉《かしょう》和尚に仕《つか》えること三年。その間、一度も衣を脱いだことはなかったし、横になって寝ることもなかった。

（同『禅関策進』一五二頁参照）

錐で股を刺す

慈明《じみょう》、谷泉《こくせん》、瑯琊《ろうや》の三人は、連れだって汾陽《ふんよう》の善昭《ぜんしょう》和尚に参禅した。その頃、河東《かとう》（黄河の東）の地は寒さが厳しく、人々はその地で修行をすることを憚《はばか》っていた。

ひとり慈明だけは道を求める心が人一倍で、朝から晩まで坐禅し続けた。夜の坐禅をしているとき眠くなると、錐《きり》を取って自分の股を刺した。

（同『禅関策進』一五三頁参照）

これは「慈明引錐の話《じみょういんすいのわ》」という有名な話です。あの白隠禅師は、二十歳のとき、もう禅僧をやめてしまおうと思ったことがありました。美濃のお寺で修行していたある日のこと、虫干しの最中で、禅録が沢山並べられていました。

白隠はその中に坐って、これから自分は、どのように生きてゆけばよいかと、祈る思いで眼を瞑《つむ》って一冊の書物を採り上げますと、それがたまたまこの『禅関策進』であったのです。その本を開いてみると、なんとそこには、この「慈明引錐の話」が書いてありました。

これを読んだ白隠は、「古人はこんなに刻苦して禅を求めたのに、自分はなんという怠惰な人間であったことか」と、ふたたび強い決定心《けつじょうしん》を起こして、また坐禅修行を続けた、とあります。（禅文化研究所『新編　白隠禅師年譜』四〇頁参照）

さて、『禅関策進』には更にまた、同じような祖師たちの苦労話が、たくさん出ています。

円い枕

慕喆真如《ぼてつしんにょ》禅師（?～一〇九五）がまだ侍者（小僧）であったとき、眠るときは円い木を枕にした。少し眠ると枕は転び、眼が醒めると、また起きて坐禅することを常としていた。ある人が言った、「貴方の精進は度が過ぎませんか」と。すると慕喆は言った、「私はもともと般若の智慧と縁が薄いので、このようにしないと妄念や煩悩《ぼんのう》に引きずられてしまうのです」と。

（同『禅関策進』一五八頁参照）

柱に凭れて眠る

仏灯守珣《ぶっとうしゅじゅん》禅師（不詳）は、無準師範《ぶじゅんしぱん》禅師（一一七七～一二四九）の下で修行していたが、ぼんやりとしていたので、なかなか悟りが得られなかった。彼はこれを歎いて言った、「この人生において悟りが開けないのなら、今後、布団に入って寝ない」と。それから四十九日の間、柱に凭《もた》れて、立ち続けた。そして遂に悟りを開いた。

（同『禅関策進』一六〇頁参照）

毒峰本善禅師《どくほうほんぜんぜんじ》（一四一九〜一四八二）は、淯渓《いくけい》というところで、門を閉じて籠もった。寝るための床を設けず、一つの腰掛けのみを置いていた。そしてただ悟りを得ることに専念した。

ある夕方、昏睡に陥って、夜中になっても眼が醒めなかった。そこですぐその腰掛けを取り払って、昼夜、立ち続けた。ところが今度は壁に寄りかかって眠りこけてしまった。そこで誓いを立て、壁に寄り添わず、空中を泳ぐようにして歩いた。

体力は疲労し、眠気もいよいよ強かった。遂に仏前に行って大声で泣き、あらゆる手段を尽くしてわが身に鞭打った。このようにして、工夫が日々進んだ。あるとき鐘の音を聴いて大悟し、たちまち大自在を得た。

（同『禅関策進』一七五頁参照）

このように命がけの坐禅修行が、真実の自己を手にするための不可欠の条件であることは、古来より禅宗の祖師たちが、身を以て示されてきたところです。そういうわけで、禅の修行というものは、もともと凡人が真似ることのできるような、そんな生易しいものではないのです。

このような苦難の道を歩むことができる者は、僅か「一箇半箇《いっこはんこ》」（一人か半人）に過ぎないと言われているゆえんです。浄土系の宗派が「易行宗《いぎょうしゅう》」と呼ばれるのに対し、禅宗が「難行宗《なんぎょうしゅう》」と言われるのは、決して誇張ではないのです。

第四章　心は不可得である

心はつかめない

ところでわれわれは誰でも、自分は心を持っていると信じていますね。しかし、心というものがあるなら、それをここへ示せと言われても、さてとなると捉《とら》えようがありません。心は捉えられないという自覚は、『金剛《こんごう》般若経《はんにゃきょう》』という大乗仏教の経典に、

過去心不可得《かこしんふかとく》、現在心不可得《げんざいしんふかとく》、未来心不可得《みらいしんふかとく》

と、はっきり説かれています。「過去の心は過ぎ去ってしまって捉えることはできない。現在の心も瞬間的なもので捉《とら》まえられない。まして未来の心など、まだ存在しないのだから捉えようがない」ということですね。

達摩より時代が下りますが、中国禅宗の祖師に、徳山宣鑑《とくさんせんかん》（七八〇〜八六五）という方がおられます。この人は世間で「周金剛《しゅうこんごう》」と呼ばれ尊敬されるほどの『金剛経』を究めた学僧であったのです。

この人がいつものように『金剛経』の注釈書を、肩に担いで旅しておられたとき、ある茶店に立ち寄って軽い食事を求めます。軽い食事のことを「点心《てんじん》」というのですが、その茶店の婆さんが、「お坊さん、肩に担いでおられるのは何ですか」と尋ねます。「これは『金剛経』の注釈書です」と答えると、お婆さんが、「そのお経の中に、〝過去心不可得、現在心不可得、未来心不可得〟とありますが、いったい貴方はこの店で、どの心に点心されるお積もりですか」と問いました。徳山は答えることができず、その場で注釈書を焼き捨てて禅僧になった、という話があります。

心を求める誤り

ところでもう一度、初祖達摩大師に戻りまして、先に挙げました達摩の『二入四行論』に、次のような一段の問答があります。

問う　仏道修行をするのに、遅いとか早いとかの違いがあるでしょうか。

達摩　そりゃ、人によって、無限に長い時間（百千万劫《ひゃくせんまんごう》ほど）の違いがある。「心そのものが道である」ことを知っている人は、瞬間のうちに悟ってしまうが、今更のように、わざわざ志を立てて仏道修行する人にとっては、いくら長い時間を掛けても、悟ることはできまい。

根性《こんじょう》（宗教的才能）の勝れた人は、心そのものが道であることを、ちゃんと知っているが、根性の鈍い奴は、あちこちと道を求めて彷徨《さまよ》うだけで、心そのものが道であることなど、気づいてもいないからだ。（筑摩・禅の語録1『達摩の語録』九八頁参照）

心そのものが道である

問う　それでは「道」というものは、どのように速やかに求めればよいのですか。

達摩　心が道そのものだということさえわかれば、それでもう道を得ることができるのだ。ところが修行者は、迷いの心が起こったと気づくと、すぐに何だかんだと理屈を立てて、道を追い求めたがる。

問う　心そのものが道だということは、いったいどういうことですか。

達摩

心というものは木や石のように、もともと無意識なものなのだ。それなのに人間は、わざわざ自分で龍や寅の絵を描いておきながら、それを見て恐れるようなものなのだ。そのように迷える人は、自分の意識で造ったものを見て、自分で恐れているのだ。もし心の中にそういうことがなければ、恐れなどというものはあり得ない。意識の筆で対象を描き、それに対して貪《むさぼ》り、瞋《いか》り、愚痴《ぐち》などという、迷い心（三毒《さんどく》）を起こしてしまうのがいけない。反対に、心や意識などというものは、もともと無いものと知れば、心はもう何物にも囚われることはない。周りの物は、すべて自分の意識が造りだしたものに過ぎないと知れば、ただちに解脱《げだつ》（開放）を得るのだ。

（同『達摩の語録』九八頁参照）

第五章　解放された心

開放された心とは

同じ『二入四行論』にまた、次のような問答が見えます。

問う　では、いったい解脱の心というのは、どういうものでしょうか。

達摩　心は物ではない。しかし、物ではないと言うこともできないのだ。心は物を認識するけれども、物ではない。心は物でないものも認めるが、だからといって心は物ではないとも言えない。

心は眼で見ることのできるような物ではないが、そうかといって空《くう》でもない。心は心と物という二つの立場を超えるが、そうかと言って、虚空のようなものでもない。

大乗の菩薩ははっきりと、空と不空を認めるが、小乗の声聞《しょうもん》（修行者）は空を認めるばかりで、空でないものは認めないから困るわけだ。

（同『達摩の語録』一八六頁参照）

空《くう》は、無ではない

ここで達摩が説いている「大乗仏教の心」とは、空であるとともに、また空でもないというのですね。このような心こそ大乗仏教の説く大切な空の心であって、空と言っても何もないというような、いわゆる「虚無」ではないのです。

このことは、皆さんご存じの『般若心経』に、「五蘊皆空《ごおんかいくう》」、すなわち

「色受想行識《しきじゅそうぎゅしき》という五蘊《ごおん》（五つの要素）ででき上がっているこの世界は、すべて空である」と説いていながら、同時に、「色不異空《しきふいくう》、空不異色《くうふいしき》、色即《しきそく》是空《ぜくう》、空即是色《くうそくぜしき》」（色は空と同じ、空は色と同じ、色がそのまま空であり、空がそのまま色である）と説いています。

つまり我々の眼に見える物（色）は、すべて空であり、その空がわれわれの前に見えるものとして現われているに過ぎない、と説いているのです。この般若の空観《くうがん》をめぐってなされた問答を、もう一つ挙げておきましょう。

問う　自分の心というものは、どのようにして対象を造り上げるのですか。

達摩　自分のこの身体も、もともとからある物ではなくて、自分の心が分別して、あると思っているに過ぎないのだ。

また、すべて物はもともとから無いのだ、と言うとき、物が無いのはもともとから無いのではなく、自分の心が分別して無いと思っているに過ぎないのだ。一切の存在についてもまったく同様で、すべて自分の心が分別して、有るとか無いとか言っているに過ぎないのだ。

（同『達摩の語録』一九七頁参照）

一心とは

達摩大師から数えて十代目の祖師に、黄檗希運《おうばくきうん》という人があります。黄檗禅師は、臨済義玄《りんざいぎげん》が師と仰いだ人で、五祖弘忍《ごそぐにん》（六〇一～六七四）の下で北宗禅と南宗禅との二つに分かれた法系のうち、南宗禅の法を伝えた祖師であります。

この黄檗の語録に、『伝心法要《でんしんほうよう》』というよく知られた語録があります。この語録は文字通り、如何にして禅の心を伝えるべきかを説いたものでありますから、ここでもぜひ触れておきたいと思います。

以下の問答は、その『伝心法要』からの抜粋です。わかりやすく意訳しておきましょう。

黄檗和尚は裴休《はいきゅう》（七九七〜八七〇。黄檗和尚に参禅し、寺を建てて禅宗を外護した唐時代の官僚）に向かって言われた。

あらゆる仏と一切の衆生（生きとし生けるもののすべて）は、ただこの同じ一心に他ならないのであって、それ以外の何物でもないのだ。この心は永遠の昔からこのかた、生滅せず、青色でも黄色でもなく、形や姿もなく、有無を超え、長短や大小を超え、あらゆる計量や相対価値を超えて、「只だ有るのみ」。だから少しでもこれは何か、と疑いを持てば、ただちに取り逃がしてしまうのだ。心はちょうど宇宙が無限で、測ることができないようなものだ。

この一心こそが仏であって、そこにはもともと、仏も衆生もありはしないのだ。ただ迷える衆生は、心というものがあるかのように思って求めようとするから、却って見失ってしまうのだ。有りもしない仏や心というものがあると思うから、いつまで経っても手に入らないのは当たり前だ。

一度そんな考えを捨ててさえしまえば、仏はみずからお出ましになる、というものだ。そうなれば、このつまらぬ自分がそのまま仏であり、仏とはこの迷いの衆生に他ならない、ということもわかるであろう。

（筑摩・禅の語録8『伝心法要・宛陵録』六頁参照）

心を空《くう》ぜよ

黄檗は、さらに続けて言われる。

凡夫は周りの世界に引き回されるが、道人《どうにん》（禅の修行者）は心に従う。

世界も自己も忘れ去ってしまえば、そこに真の法がある。しかし実際、世界を忘れることは易しいが、心を空《くう》にすることもなかなか難しいぞ。なぜなら凡夫は、心を忘れたら虚無に落ち入るのではないか、と思ってしまうからである。とんでもないことだ。無心にさえなれば、世界にあるすべてのものが、あるがままの真実に返るだけなのに。

この心の本質は虚空と同じで、生滅するものでもなく、有でも無でもなく、浄と穢を超え、喧と寂を超え、形もなく、内と外もなく、数量もなく、形も音もない。したがってそのようなものは、求めることさえできないし、智慧を以て識ることもできない。また、言葉で説明することもできない。

こうなると諸仏や諸菩薩、衆生（生き物）は、すべて本性が同じなのだ。精は心であり、心は仏であり、仏は法である。少しでもこの真実から離れると、すべては妄想となってしまう。心を以て心を求めたり、仏を以て仏を求めたり、法を以て法を求めたりしてはならないぞ。修行者はただ無心に黙って肯く（黙契する）だけだ。

（同『伝心法要・宛陵録』三〇頁参照）

達摩の一心

別のところで黄檗は裴休に向かって、次のようにも説いておられます。

達摩大師が中国に渡ってこられて、唯だこの一心のみを説き、唯だこの一法を伝えられたのだ。（中略）法は説くことのできない法（不可説の法）であり、仏は手にすることのできない仏（不可取の仏）である。これが本源清浄心《ほんげんしょうじょうしん》というものである。

（同『伝心法要・宛陵録』三八頁参照）

更に黄檗は、次のようにも説いておられます。

十方の仏を供養するよりは、一人の無心の道人を供養するべきだ。どうしてかといえば、無心には一切のあれこれを区別する心（分別心《ふんべつしん》）がないからである。そのような心は内面では、木や石のように揺れ動いたりしないし、外的には大空のように何かに塞がれたり、妨げられたりすることがないからである。

また能動的に何かしようとするものでもなく、何かされるというような受動的なものでもない。この心には、はたらく方向も姿もない。また、何かを得るとか失うということもない。

残念ながら道を目指す人には、このような無心に踏み込む勇気がないことだ。そのような虚無に落ち込んで、自分を見失っては大変だと恐れるからである。そしてこの崖に臨んでは引き下がってしまい、ただ遠いところからそういう心を知りたいと思うばかりである。こうして、無心ということを頭で知っているだけで、実際に手にする者は、滅多にいないのだ。

（同『伝心法要・宛陵録』一一二頁参照）

身も心も実体ではない

また、無心ということを「本心」と言い換えて、次のようにも説いておられます。

修行者よ、疑ってはならないぞ。身体というものは地水火風《ちすいかふう》という、四つの要素（四大《しだい》）が集まってできあがっているに過ぎないのだから、そのような身体には、自我《じが》とか、主体というもののあるわけはない。心というものを見ても同じことだ。心などというものも、五蘊《ごうん》（物質・感覚・心に浮かぶ像・心のハタラキ・知るハタラキの五つ）の集まりだから、そのものに自我や主体はないのだ。要するに存在するものは、すべてこのような要素の集合に過ぎないのであって、すべては空《くう》なのである。そういうなかで、ただ「本心」だけは、無限に清浄《しょうじょう》なのだ。

（同『伝心法要・宛陵録』二五頁）

黄檗が『伝心法要』において、言葉を尽くして説かれている「心」は、おおよそこのようなものであります。読者の皆さんは、このように祖師たちが親切に説かれる語録を読めば、禅僧が求める心というものの内容がどういうものか見当が付かれることと思います。

ここまで私は、「仏心宗」を自負する禅宗の祖師たちが、どのようにして真実の心（無心の心）というものを伝えてこられたかを、ごく初期の禅録から引用してみました。

しかし、いくらそのことが頭でわかったとしても、実際に自分でそういう大切な禅心をどのようにして手に入れるか、これはまったく別の問題です。幾ら頭で理解できても、そういう心を実際に自分のものとしなければ、意味のないことになります。そこに禅宗が「体験を重んじる」理由があるわけです。

第六章　天地を超える心

栄西の禅

日本臨済宗の初祖は、京都建仁寺の開山、栄西《ようさい》禅師（一一四一～一二一五）ですね。この人は八宗兼学の道場と言われた比叡山に登って、仏教の学問を修めた後、二回に亘って中国に留学されました。二回目には、インドに渡ろうとして果たせず、そのまま五年間も滞在して中国の仏教を学び、最後に天台山の虚《き》庵《あん》懐《え》敞《しょう》（生没年不詳）という禅僧の下で坐禅修行し、臨済宗黄龍《おうりょう》派《は》の禅を伝授されて帰って来られたのです。

栄西は帰朝して建久六年（一一九五）、博多に聖福寺を開き、当時学問仏教のメッカであった比叡山の衆徒からの迫害に対し、自分の伝えようとする仏教を釈明するために、かの『興禅護国論《こうぜんごこくろん》』三巻を著しますが迫害は続き、幕府の外護を得ようと、正治元年（一一九九）鎌倉に下り、将軍源頼朝の死を弔い、北条政子の外護を受けて寿福寺《じゅふくじ》を建立し、それによって幕府の帰依《きえ》を受けたのです。これがわが国に於ける禅寺の嚆矢《こうし》です。その後、幕府の庇護を得て京都東山に建仁寺を建立し、新しい禅を説かれました。

ところで『興禅護国論』の序文の冒頭にある、「大いなる哉《かな》、心や」という一文は、よく知られていますが、ここでその一部を意訳してみましょう。

大いなる心

広大なるものは人間の心だ。天は高くして際限がないが、心はさらにその高さを超えている。大地の厚さは測ることもできないが、心はさらにその下に拡がっている。太陽や月の光でさえも、この心を超えることはできない。心の光こそは、日月光明《にちがつこうみょう》の上に超出しているのだ。

そのような心は、天にあっては万物を覆い、地にあっては万物を載せ、日月はこの心によって運行し、春夏秋冬の四季も、この心によって変化し、万物はこの心によって発生しているのだ。

（日本の禅語録1『栄西』九二頁参照）

栄西によると、心というものは、私たちの考えているように身体のなかに閉じ込められているものではなく、広くこの天地宇宙いっぱいに広がっている、と言うのです。

ハタラク心

　このように栄西は、中国まで出かけて、禅仏教の教えの根本は「心である」ということを、私たちに伝えられたのです。こんな広大な心を、当時の人たちはそれまでに聴いたことがなかったでしょう。つまり禅宗が伝えようとする心は、今日、心理学で扱おうとしているような対象化されるようなものではない、ということですね。

　それどころか、心は自分に一番近い処にあるために、却ってこれを知ることができないのです。しかもこの心によって天地が成り立ち日月が運ばれているというのですから、ここで栄西のいわれている心は、ユダヤ・キリスト教が説いている天地創造の神さまのようなものですね。

　もちろん神様は、厳然として天の彼方に存在されているようですが、そんな実体的なものではありません。本書で私はこれから、このような特別の心を「禅心《ぜんしん》」と名づけ、そのような心が禅宗によって、どのようにして伝えられてきたか。またそのような心は、われわれの日常生活の中でどのような意味を持ち、また、どのようなハタラキを発揮するものなのかについて、縷々《るる》述べていこうと思います。

第七章　静寂主義の批判

瓦を磨《みが》いて鏡にする

坐禅修行をすることこそが禅宗の本命だと思い込んで、朝から晩まで坐禅ばかりしていると、これでは禅僧の独善で、世間にとって何の役にも立たないことになります。

そう、禅はただ閑かに坐ることが目的ではない、ということがはっきりしていなくてはならないのです。「大用現前規則を存せず《だいゆうげんぜん》」（坐禅から出てきたハタラキには、限度がない）といって、坐禅によって磨かれた禅心が、悟りの智慧となって、日常生活の中で自由闊達にハタラかなくては、そんなのは「死人禅《しびとぜん》」に過ぎない、と揶揄《やゆ》されてしまうのです。次のような話が、そのことをよく示しているではありませんか。

馬祖道一《ばそどういつ》禅師（七〇九〜七八八）が若い日、南嶽懐譲《なんがくえじょう》（六七七〜七四四）という禅僧の道場で坐禅をしていると、南嶽がやって来て、

南嶽　貴公はそんなに坐禅ばかりして、どうしようというのだ。

馬祖　仏になりたいのです。

これを聞くと南嶽は、瓦を一枚持ってきて磨き始めた。

馬祖　老師は瓦なんかを磨いて、どうされるのですか。

南嶽　これを磨いて、鏡にしようと思うてな。
馬祖　いくら瓦を磨いても、鏡にはならないでしょう。
南嶽　瓦を磨いても鏡にならないのだったら、坐禅しても仏にはならないだろう。
馬祖　じゃ、どうすればいいのでしょうか。
南嶽　車を引く牛が立ち止まったとき、車を打つのがいいか、牛を打つのがいいか。

南嶽にこう言われて、馬祖は返す言葉もなかった。

（禅文化研究所『馬祖の語録』四頁参照）

これが有名な、「南嶽磨甎《なんがくません》」という話頭《わとう》（問答）です。
初祖達摩から時代が下って、六祖慧能の法を嗣《つ》いだ南嶽の時代になると禅の本質は、達摩いらいの「禅定主義」（閑かな坐禅を第一とする考え）から起ち上がって、むしろ日常生活の中で自由闊達にハタラク悟りの智慧にあるとする、「智慧主義」へと変質していったのです。

老婆、庵を焼き捨てる

坐禅しなければ悟れないという伝統的な「坐禅主義」から、坐禅しなくても日常生活の中で機縁《きえん》（機会）さえ熟せば、悟りを得ることができるという本質的転換です。このことを端的に示すのが、「婆子焼庵《ばすしょうあん》」という、次のような話です。

ある婆子《ばす》が、一人の修行僧を二十年ものあいだ面倒を見ていました。そして毎日、一人の娘に食事を運ばせ給仕をさせていたのです。ある日のこと、老婆はこの娘に命じて、今日お給仕にいったとき、その坊さんをしっかり抱きよせさせ、「どんなお気持ちですか」と言わせたのです。

坊さんは「まるで枯れ木が岩に引っ掛かったようなもので、寒くてまったく暖かさなんか感じないさ」（枯木寒巌《こぼくかんがん》に倚《よ》って、三冬暖気無《さんとうだんき》し）と答えたのです。

娘からこのことを聞いた老婆は、「二十年もの間、私はそんなつまらぬ坊主の世話をしてきたのかい」と激怒し、坊さんを叩き出し、その庵を焼き捨ててしまいました。

（禅文化研究所『校訂本　宗門葛藤集』二二六頁参照）

四条大橋での坐禅

この話とよく似て、もっと深刻な内容の二つの道歌《どうか》があります。この二つの歌を較べてみてください。読者の皆さんには、もうそのことの意味はおわかりと思いますが、如何ですか。

坐禅せば　四条五条の　橋の上
　行き来の人を　深山木《みやまぎ》に見て

坐禅するのなら、静かな愛宕《あたご》の山奥でなくて、人がいっぱい歩いている鴨川の橋の上で坐禅した方が修行になる。いくら大勢の人たちが前を通って行っても、山奥の樹々のように見ておけばいいのだ、という意味です。面白い歌ですね。

しかし、これは不合格なのです。何がいけないのでしょうか。正解は次の歌です。

坐禅せば　四条五条の　橋の上

行き来の人を　そのままに見て

綺麗な人だなあ、なんという美しい靴を履いているんだろう。後ろからやってくるお爺さんは腰が曲がっておるじゃないか。杖でも突けばいいのにと、眼の前の一人ひとりをしっかり見届けなくてはならないぞ、というのです。

そうでなければ、せっかく坐禅しても、ひとたび起ち上がって日常生活の中に入れば、もう何の役にも立たないだろう。それではいったい、坐禅は何のためのものなのか、という嘲笑の歌です。

第八章　頓修頓悟の禅

執着心を捨てる

では、この「禅心」と呼ばれる心は、いったいどのようなものか。祖師たちの語録には、この問いに対する答えが、いっぱい並んでいます。

まず六祖慧能は、その語録である『六祖壇経《ろくそだんぎょう》』のなかで、次のように説いておられます。

お前たちよ、わが禅宗の坐禅は、もともと心に執着するものではないし、清浄なものに執着するものでもないぞ。

もし心に執着するといえば、心そのものはもともと捉えようのない幻のようなものだから、そんなものに執着しようもないだろう。また、人間の本性はもとより清浄無垢なものなのに、そんな結構なものを持ちながら、人間は妄念によって、それを覆い隠してしまっているのだ。

あれこれ言わなくても、人間の本性はもともと清浄なのだ。それなのに要らぬ心を起こして、わざわざ心は清浄だなどと執着するだけでも、これは「浄妄《じょうもう》」（浄らかさに対する妄念）というやつだ。どちらにしても、執着ということがいけないのだ。ほんらい「浄」などというものなんかないのに、そんなものに執着することが妄というものなのだ。

清浄というようなありもしない妄念を求めて、これを修行だなどと言う。そんな考えを抱く者は、自分の本性を覆い、却って清浄というものに縛られているだけじゃないか。

お前たちよ、「不動」ということを目指して修行するからには、すべての人に対して、その人の是非や善悪を見ないことだ。それでこそお前の自性は不動であると言えるのだ。

お前たちよ、迷える人間は、自分はしっかりしていると思っていても、他人に対するとすぐに、是非、長短、好悪を説いてしまう。そんなことでは、道を見失うのが精一杯のところだろう。少しでも心に執着したり、清浄なものに執着すれば、本来の道を見失ってしまうぞ。

（筑摩・禅の語録４『六祖壇経』七〇頁参照）

なかなか難しいお説法ですね。仏は自分の中におられるのだということは、禅宗における最も大切な教えですが、そう聴くと誰でも、自分の中にそんな素晴らしいものがあるのかと思って、これに執着するのはお互いの人情です。

しかし、六祖のこのような説法を読むと、そんな素晴らしいものがこの穢れ多い自分の中にあるのなら、是非ともお目に掛かりたいものだと思うのは、清浄というものへの「執着」に過ぎないと誡められるのです。

無分別たれ

そうなると、自己の本性としての仏を求めるためには、善悪とか好悪という、普通われわれが持っている二元的な価値判断を、一切捨ててしまわなければならない、ということになるのです。

そういうわけで私たちは何よりもまず、仏が有るとか無いとかいうような、「分別意識」を捨ててかからなくてはなりません。

しかし、周りのものを見てそれが何であるかを判断しなければ、私たちは毎日を生きることができません。しかるに禅は、そういう大切な分別的意識を捨てよ、というのですから、まるで死んでしまえというのと同じですね。

その通り。禅の修行では、何か言うとすぐ師匠から、「いちど死に切れ、死にきれ」と迫られるのです。もとよりこれは、ほんとうに死んでしまえ、と言っているわけではありません。夜も眠らず坐禅三昧に徹することによって、いちどこれが自分だというような、頑《かたく》なな自己意識を無くしてしまえ、というのです。

初めての日本禅

ところで、江戸時代の白隠より七十年ばかり前、兵庫の網干《あぼし》に盤珪永琢《ばんけいようたく》（一六二二〜一六九三）という禅僧がおられました。この人は生涯、「不生の仏心」ということを説かれたので、「盤珪の不生禅《ふしょうぜん》」としてよく知られています。

鈴木大拙博士はかつて、鎌倉時代から日本や中国の禅僧たちによって伝えられた禅が中国禅の丸写しであったのに対して、この盤珪の禅こそ、まったくオリジナルな日本の禅なのだ、と唱えられました。(『鈴木大拙全集』第一巻、七頁以下、「不生禅概観」参照)

その盤珪ですが、二十六歳の時、「一切の事は不生で調《ととの》う」ということに思い至り、さてその「不生の仏心」とは如何なるものかが知りたくなり、勝れた禅僧に聴いて歩きましたが満足できぬままに、自分自身で死にもの狂いの修行をし、遂に「親の生み付けた不生の仏心」というものに開眼されたのです。その修行の様子がまた凄いのです。

『盤珪和尚語録』によると盤珪は、若かった日の苦労を、次のように述懐しておられます。少し現代語訳してみましょう。

一丈四方の部屋を造って牢のようにし、壁に腕の入るほどの穴をあけ、戸口は出入りのできないように土で塞ぎ、食事は二回、壁にあけ

た穴から受け、終わればそこからお椀を返し、大小便は外の便所に流れるようにしておいた。（中略）

それから病気が重くなり、身体が弱り、血の痰が親指の先ほどのまん丸になって、コロコロと転《ころ》げ落ちた。皆なが庵に帰って養生せよと言うので庵居したが、病いが重くなるばかり。七日間もお粥だけで食が通らなくなったので、もはやと死ぬ覚悟を決めたが、このようにして求めた願いが、成就しないままで死ぬのは残念だと思っていた。すると折りふしにひょっと、「一切は不生で調う」ということを、今まで気づくことができず、なんという無駄骨を折ったことかなと思うにつけ、段々と今までの間違いに気がついた。それから気色が良くなり、食も通って今日まで生き延びることができたわい。

（岩波文庫『盤珪禅師語録』四六頁参照）

われわれ凡人には、盤珪和尚のような修行を実践しようとしても、とてもできるものではありません。そこで盤珪よりも七十年ほど後に出られた白隠和尚が、近世人らしい合理性をもって、「公案体系《こうあん》」という独得な修行の方法を創出されたことは、先に述べた通りです。

看話禅の伝統

これが今日、臨済禅の修行道場で行なわれている、「公案禅修行」というものなのです。修行者に「公案」（公府の案牘《あんとく》）という祖師方の問答を与え、これによって理屈で固まった頑《かたく》なな「自我意識」を粉砕させようとする、まことに合理的な修行の方法です。

公府の案牘というのは、政府の発行する通行手形で、関所の役人の持つ手形と、通行人の持つ手形が合うかどうかを調べるものです。つまり修行者の悟境と祖師の悟境が、ぴったり合うかどうかを調べる方法です。

この白隠の公案禅というものは、すでに中国宋代の禅僧である大慧宗杲《だいえそうこう》（一〇八九〜一一六三）が始めた「看話禅《かんなぜん》」（祖師の悟りの内容を見て、それに合致するように修行する方法）を引き継ぐものであります。

大慧は自分と同じ時代に、悟りを求めずただ黙々と坐禅して（これを只《し》管打坐《かんたざ》という）、人間が生まれつき具えている自己の本性に親しもうとする、宏智正覚《わんししょうがく》（一〇九一〜一一五七）を、「黙照の邪禅《もくしょうのじゃぜん》」（悟りを求めず黙々として坐る禅）と称して批判していました。

無字の公案

さて、白隠下道場で修行者に与えられる公案（問題）の数は、一口に千七百則と言われていますが、入門者に与えられる代表的な最初の公案は、中国宋時代に無門慧開《むもんえかい》禅師（一一八三〜一二六〇）が編んだ、『無門関《むもんかん》』という四十八則の公案集の第一則、「趙州狗子《じょうしゅうくす》」という公案です。

ある僧が問うた、「犬にも、仏性《ぶっしょう》はあるでしょうか」。すると趙州は「無《む》」と答えた。さあ、この「無」という一字に向かって、全身全霊を投じて参ぜよ。

（筑摩・禅の語録18『無門関』一四頁参照）

犬にも仏性があるかどうか、というこの問題は、『涅槃経《ねはんぎょう》』の巻七に、「一切衆生、悉《ことごと》く仏性有り、煩悩覆うが故に、知らず、見ず」とあり、「生きとし生けるものは例外なく、仏性という尊い本質を持っている」という仏教の根本的な教え（如来蔵思想）を、自分でしっかり体得させようとする問題です。

さて、この「無」の一字が大変です。趙州従諗《じょうしゅうじゅうしん》（七七八～八九七）によると、「犬には仏性がない」と言うのですから、これは仏教徒としては、聞き捨てならない発言です。そうなるとこの「無」の一字は、いったい何を意味しているかというのが、この公案の問題です。

しかも趙州の伝記を見ますと、趙州は別のとき、別の僧から「狗子にも、仏性はありますか」と問われて「有《う》」（有る）と答えているのです。僧が、「仏性が有るというのに、どうして狗はあんな惨めな姿をしているのですか」と問うと、趙州は「狗はよく知っていながら、敢えてあんな姿をしているのだ」（知って故《ことさら》に犯す）と、答えているのです。

仏の四智

仏性が有ると無いとでは正反対なのですが、これはいったいどういうことでしょうか。禅僧がよく「無」の一字を書きますが、おわかりのように、これは「何もない」というような簡単なことではないのですね。そのことを示す七言の禅詩に、

無一物中無尽蔵、有花有月有楼台（何もない中に、花や、月や、それを眺

める月見台が入っている）

という、宋の蘇東坡《そとうば》（一〇三七～一一〇一）の詩とされる句があります（出典不詳）。こうなると、「趙州の無」は、何もないという無ではなく、その無は同時に、限りなき内容を含んでいる無ということになるようです。

このような無は、有と無という、二元相対的なレベルを超えている無のようですから、哲学者たちは敢えてこれを、「絶対無」などと名付けているわけです。では絶対無とは何か、ということになると、これはもう常識で答えることはできないでしょう。

ところが、このような「絶対無」の内容は、『仏地経論』巻三という処に、鏡のもっている「四種の智」として、すでに説かれているのです。

一、大円鏡智…清浄無垢な大きな鏡のような智慧

二、平等性智…どんな物も、すべて平等に映す智慧
三、妙観察智…それぞれ形を、はっきり区別して映す智慧
四、成所作智…前に来る物を映し、去れば無になるハタラキの智慧

この鏡の智慧のように、絶対の無である仏性は、素晴らしいハタラキを持った無であると言うのです。では、そういう鏡のような素晴らしい智慧を手に入れるためには、どのように坐禅修行すれば良いのか。そこからが「参禅《さんぜん》」（禅の探求）の本領です。

関門を透る

『無門関』第一則「趙州無字」には、無門慧開自身による、次のような親切な序文が書かれています。重要な部分を訳してみましょう。

参禅にはどうしても、祖師たちが設けた関門を透らなくてはならないのだ。素晴らしい悟りを得るためには、いちどは自分の意識を無くしてしまわなければなるまい。祖師の設けたこの関門に自分の意識が絶滅するまで取り組もうとしない奴は、草や木に棲みつく幽霊に過ぎないぞ。

さてこの関門とはいったいどんなものか。他でもない、ここに挙げた「趙州の無字」こそ、その第一の関門じゃ。これを透過しなければなるまい。（中略）

そのためには、三百六十の骨節、八万四千の毛穴を挙げて、疑問の固まりとなり、昼夜を通して、この「無」の一字に参じなければなるまい。それはまるで熱い鉄の塊を呑むようなもので、吐くことも、呑み込むこともできないであろう。（中略）そのうち時節が到来すると、自分と世界が一つになってしまい、その状態は、他人になど説明することはできまい。

するとそこから、とんでもない凄いハタラキが出てきて、その刀で釈迦や達摩を切り捨てるのだ。そうなると君たちは、生死無常の世界にいながら、無生死の大自由を手にし、この迷いの世界の只中にいながら、平和と真実の世界を楽しむことができるであろう。

その歓びを手にするためには、是非一度、自分の全身全霊を挙げて、この「無の一字」と対決することだ。それを続けていると、とたんにパッと真理の火がともるのだ。

（同『無門関』一四頁参照）

序文はおおよそこのような内容です。臨済禅の修行者たちは今日もなお、修行道場に入門するとまずこの無の一字に参じて、真実の自己を究明することから始めることになっています。（白隠の作った公案「隻手音声」を初関の公案とする道場もあります）

第九章　真仏の所在

庭前《ていぜん》の柏樹子《はくじゅし》

さてそれでは、真実の自己、つまり禅でいう「仏」とは、いったいどこに、どのような姿で存在しているものなのでしょうか。以下に祖師たちの教えをいくつか採り上げてみましょう。まず最初は、「達摩がはるばるインドから中国にやって来て伝えたものは何か」という、禅宗の成立そのものに関わる問答です。

問う　達摩がインドから持ってこられた真実は、どのようなものですか（如何《いか》なるか是《こ》れ、祖師西来意《せいらいい》）。
趙州　庭に立っている、あの柏の樹だ（庭前の柏樹子）。
問う　そんな物で示さないでください。
趙州　ワシは物で示してなどおらんわい。
問う　ではもう一度聞きます、達摩がインドからやって来られた、その意図は何ですか。
趙州　庭に立っている、あの柏の樹だ。（同『無門関』一三三頁参照）

真法に形なし

次は臨済禅師のよく知られた説法の一段です。真の仏とはどういうものかについての親切な説明です。

お前たちよ、真の仏に形はない。真の法に相はない。それなのにお前たちは幻を見て、あれこれ臆見を加えている。たとい求めることができたとしても、そんなものは狐のお化けだ。決して真の仏ではない。そんなことは外道《げどう》（仏教徒以外の者）の言うことだ

そもそも真の求道者ならば、仏など問題にしない筈だ。要するに有り難そうなものは問題にせず、遥かに独り超越して、仏なんかと拘わらないのだ。天地がひっくり返っても、この自分だけは断じて疑わないのだ。また、恐れもない。どうしてかというと、眼に見えるものはすべて空想で、実体などというものは、ありはしないからだ。

（筑摩・禅の語録10『臨済録』八九頁参照）

別の所で臨済は、心のハタラキについて、また次のように説いています。

心法《しんぽう》には形というものはなくて、しかも十方に貫き通っている。それを眼では見るといい、耳では聞くといい、鼻では香りを嗅ぎ、口ではあれこれと談論し、手では物を掴み、足では歩いたり走ったりというのだ。これらはもともと精明な一心であるが、それが六根のハタラキとなって活動しているのだ。根本の一心が無なのだから、ハタラキは自由自在（解脱《げだつ》）なのだ。

私がなぜこんなことを言うかといえば、お前たちがいつまでも、何かを求めようとする心（馳求心《ちぐしん》）を捨て切れず、徒《いたず》らに古人のつまらぬ仕草にばかり、ついて回っているからだ。（同『臨済録』三九頁参照）

問う　仏の説かれた教えは、素晴らしい仏性を説き明かすものじゃないですか。

臨済　そんなもので迷いの草を、鋤き返すことなどできるもんか。

問う　では仏さまは衆生を欺《だま》そうとされるのですか。
臨済　そもそもお前は、仏さまがどこかにおられる、とでも思っておるのか。
（同『臨済録』一一頁参照）

無位《むい》の真人《しんにん》

臨済と僧との、次の問答はよく知られていますね。

臨済　この赤い肉の塊（身体）の中に、「一人の無位の真人」がいて、常にお前らの感覚器官を、出たり入ったりしているじゃないか。まだそれを見届けたことのない者は、さあ見よ、さあ見よ。
問う　その無位の真人と言われるものは、どんなものですか。
臨済は禅牀《いす》から飛び降り、その僧の胸ぐらを引っ掴んで言われた。

臨済　さあ言え、さあ言え。

僧が何か言おうとすると、臨済は彼を突き放して言われた。

臨済　無位の真人ともあろう者が、またなんという糞のかたまり（乾《かん》屎橛《しけつ》）であることか。

（同『臨済録』一九頁参照）

第十章　悟りの彼方へ

有限と無限を超える

さて少し話題を変えて、こんどは悟りというものをさらに超えなければならない、ということについて、祖師の説かれているところを見ることにしましょう。つまりここでは、どうして悟りを得るかではなく、苦労して得た悟りも、実は究極の悟りではないということです。これは悟りの臭いを取り除く修行で、禅門では「向上《こうじょう》の一路《いちろ》」と呼ばれているものです。

『維摩経《ゆいまぎょう》』の菩薩品《ぼさつぼん》第十一には、「尽無尽《じんむじん》の法門《ほうもん》」というものが、次のように説かれています。

仏が諸々の菩薩に向かって説かれた、「尽無尽の法門」というものがある。汝等はそれを学ばなければいけない。何が「尽」ということか。そうだ有為の法なのだ。何を「無尽」というか。そうだ無為の法をいうのだ。およそ菩薩であれば、有為をも尽くさず、無為にも住して（留まって）はならないのだ。

（大乗仏典7『維摩経・首楞厳三昧経』、一五二頁参照）

有為と無為の彼方へ

これは大乗菩薩の本質を突いた、たいへん大事な部分です。次の問答は、これを受けたもので、馬祖道一《ばそどういつ》の弟子、大珠慧海《だいしゅえかい》（生没年不詳）という人の親切な説明です。

問う　仏法は有為《うい》を尽くさず（現実の世界を滅さず）、無為《むい》にも住せず（絶対の世界にも留まらない）とありますが、現実界を滅ぼさずということは、どういうことでしょうか。

大珠　現実界を滅ぼさずとは、釈尊が道を求めて出城《しゅつじょう》されて菩提樹の下で大覚《さとり》を成就され、最後には沙羅双樹《さらそうじゅ》下で亡くなられるまで、その間に説かれた一切の法をすべて捨てないということ、これが現実界を滅ぼさないということである。

絶対界に留まらないとは、無念の行を実践しても、無念ということを、悟りの証《あか》しとはしないということ。

空の修行をしても、空を証しとしない。菩提・涅槃・無相・無作を修行しても、それらを証しとはしない。これが絶対界に留まらない、ということである。

（筑摩・禅の語録6『頓悟要門』七二頁参照）

説かれている内容はいささか難しいように見えますが、要するに修行から悟りへのプロセスと、悟ってから後のプロセスとを区別せよ、ということです。修行者は仏陀が辿られた求道の道を、忠実に守らなければなりません。やはり修行の道筋だけは、しっかり辿らないといけない。そんなものを無視しては、悟りを得ることなどできない、と言うのです。

しかしまた、仏陀のようにすべてをうち捨てて、無相無作《むそうむさ》でさえあればいい、などと思ってもいけない、と言うのです。修行にはこれでいい、というような終わりはなく、どこまでも続けていくことが「有為を尽くさず」ということでしょう。

同時にまた、たとえ悟りに到達しても、これでいいのだと、悟りに腰を据えてはいけないということ、これが「無為にも住せず」ということだと思います。

百尺竿頭《ひゃくしゃくかんとう》、進一歩《しんいっぽ》

よく知られた禅の言葉に、「百尺竿頭、更に一歩を進めよ」というのがありますね。たとえば『無門関』の第四十六則に、「竿頭進歩」という、次のような公案があります。

石霜楚円《せきそうそえん》（九八六〜一〇三九）が言われた。

「百尺の竿頭に立って、更にどのようにわれわれは一歩を進めることができるであろうか」と。またある古徳が言った、「百尺の竿頭に安座しているところの人（悟りの世界に腰を下ろしている人）は、まだ真に覚った人と言うことはできない。百尺竿頭より更に一歩を進めて、十方世界に自由に、自己の全体を実現しなければならない」と。

これに対して無門慧開《むもんえかい》が、次のように詠っています。

真実を見る眼が潰れ、
秤りの目盛りさえ見えない。
自分の身命を投げ打ってこそ、
真理の見えない連中を導く男になれるのだ。
（筑摩・禅の語録18『無門関』一六二頁参照）

ちょっとわかりにくい頌（詩）ですね。要するに、いちど常識的な眼は潰さなければいけない、ということですね。それでこそ初めて真理の見えない凡人を救うことができるのだ、というわけでしょう。

百足虫《むかで》の話

高校生であった頃、まだこのような公案のあることを知らなかった私は、下村湖人の『凡人道　真理に生きる』という本のなかで、「百足蟲《むかで》の悲哀」

と題する次のような話を読んで、これは面白い話だなぁと独り合点したことが忘れられません。引用しておきましょう。

細長い棒を地につきさして、それに一ぴきの百足虫を這わせると、百足虫は、まっしぐらに棒の尖端までのぼりつめる。さて、昇りつめて見ると、それからさきは空である。百足虫に、竜のような昇天の霊力がないかぎり、それからうえには、なんとしてものぼれない。

そこで、かれは仕方なしに、道をうしろに求める。ところが、棒が小さすぎて、かれのからだで一ぱいになっているので、自分自身のからだの上を這わないかぎり、どこにも行く道はない。自分のからだの上を這うことは、われわれ人間にできないと同じく、百足虫のような細長いからだをもった動物にも、とうていできない芸当なのである。

この場合、思いきって、その百本の足をことごとく棒から放してしまえば、かれは、ひろびろとした大地に落ちるであろう。そしてそこに、かれは自分の欲する道を、いずくへでも自由に求めることができるであろう。

ところが、百足虫は決してそうはしない。かれは、あくまでも、道は棒の尖端からどこかにつづいているもの、と思いこんでいるらしく、いつまでも空をさぐりつづける。（中略）結局、地上に落ちて来ることに、間違いはないのである（中略）

菩薩の半眼ということがある。仏教者はこれをどう説明するか知らないが、わたくしにいわせると、それは内界と外界との無礙なる交通を象徴したものだと思う。

菩薩にとっては、われを見ることは、やがて仏を見ることであり、われを愛することはやがて衆生を愛することである。菩薩の眼は、仁王や、閻魔や、天狗の眼のように、決して周囲を眺めまわさない。かといって、かたく瞼をとじて、一切を見じとつとむるかたくなな眼でもない。それは、内を見ると共に、常に外を見ている。

（下村湖人全集11『凡人道　真理に生きる』一一四頁）

白隠の悟り

大乗仏教の菩薩が理想とする悟りは、このようにして自己の追求に終始するだけではありません。それとともに、悩み苦しむ一切衆生とともに、如何にそれらを救うかということを、しっかりと把み取るところにあるのです。

そのためには、百足虫のように自分だけの道を登っていこうとするだけの「向上の修」だけではなく、常にこの大地の下に降りて苦悩し蠢《うごめ》く衆生とともに生きようとする、大乗菩薩の道（「向下の修」）でなければなりません。

それこそが「頓悟頓修《とんごとんしゅう》」といわれる大乗仏教の修行のあり方であり、文字通り、悟りという目的は、その修行の道の只中にあるのです、身を以てこのことに気づかれた祖師の一人が、わが白隠禅師でありました。

『白隠年譜』二十四歳の条によると、白隠は禅僧としての進むべき道について疑うようになり、随分と迷っておられました。ある時、越後（新潟県）高田の英巌寺《えいがんじ》の生鉄《さんてつ》和尚（?〜一七二八）の講席に参加し、霊屋《たまや》の辺りで夜も眠らず、独り坐禅を続けられていました。

そして、明け方になって遠くから聞こえてきた大鐘《つりがね》の音を聞いて、豁然《かつねん》として悟りを開かれました。これは「遠寺《えんじ》の鐘声《しょうせい》」という逸話として、今もなお伝えられています。白隠は、このような悟りの歓びを得た人はかつていないだろう、と飛びはねるように喜ばれたのです。

悟りを超える

しかしその後に、信濃（長野県）飯山の正受老人《しょうじゅ》（道鏡慧端《どうきょうえたん》、一六四二〜一七二一）という禅僧を訪ねると、老人から「この鬼窟裏《きくつり》の死禅和《しぜんな》」（鬼の住む洞穴で、独り合点している死人坊主）と一喝され、たちまち本堂の縁側から、蹴落とされたのでした。

その後、たび重なる罵倒を受けても研鑽を続けた白隠は、いちおうは正受老人に自分の悟りを認められるのですが、そこに留まらず、一年を経ずして故郷駿河の原宿にある自分の寺、松蔭寺《しょういんじ》に帰ってきます。

さて、この白隠が四十二歳の時です。ある日、「看経榜《かんきんぼう》」（坐禅を止めて、お経を勉強する日という札）を掛け、自分は『法華経《ほっけきょう》』の勉強をしておられました。すると突然、それまでの悟りを根本から台無しにしてしまうような、第二の悟りを開かれたのです。『年譜』四十二歳の条に、次のように見えます。

一夜、読んで譬喩品《ひゆぼん》に到り、突然、雨垂れ石の下で、切々と啼くコオロギの声を聴いて、からりとして、『法華経』の深理《じんり》に契当《けいとう》した。若い頃に起こしていた疑念が、釈然として消え去り、今までの多くの悟ったと思っていたことが、大いに錯《あやま》って理解していたことを悟った。

（禅文化研究所『新編　白隠禅師年譜』一六六頁参照）

白隠ともあろう人が、『法華経』を読んでいて、それまで自分は悟っていると思っていたのは大きな誤りであったと、深く反省されたのです。いったい白隠は、今頃になって何を悟られたのでしょうか。ここがたいへん重要なところですね。これこそ「百尺竿頭に更に一歩を進め」られたということでしょう。言うまでもなくその第二の悟りの内容こそ、『法華経』に説かれている大乗仏教の勘所《かんどころ》であります。

第十一章　仏否定の思想

仏の拝み方

今まで見てきましたように、禅宗の祖師たちは、「仏なんかあるものか」と言ってみたり、仏なんか「乾いた糞の塊だ」などと、とんでもないことを言われていますが、これはあくまで禅の「第一義」を示す表現であって、禅僧といえども決して無神論者ではありません。

それどころか禅寺の仏殿には、他の宗派と同じように仏菩薩を祀り、禅僧たちは日々その前で、他宗には見られないような深い五体投地（床の上に臥して頭を地に着け、掌を頭の上に捧げる）の礼拝をしているのです。

　これは今まで述べてきたことと全く矛盾するようには見えますが、決してそうではありません。むしろ禅宗ほど仏と親しく、しかも仏を崇拝する宗派もない、と言ってよいほどなのです。

　言うまでもなく禅僧たちにとって、仏菩薩は救済を願う信仰の対象ではなく、「覚者《かくしゃ》（覚めたるもの）」の指標と仰いで、深く礼拝するのです。仏陀こそは禅僧にとっての指標たる方であり、この世界において、深く尊敬に値する「人間」であり、同時に最も親しむべき「本師《ほんし》」なのです。

趙州の再行脚

ところが他方で禅僧には、「仏がなんだ」、「仏がどうした」というように、まるで兄貴にでも対するような、気概や態度があるのです。これが極端な場合になると、「仏否定の思想」や、さらには畜生に生まれ変わった方がいいという「異類中行《いるいちゅうぎょう》の思想」にまでなっていくのです。この章では、そのような思想について述べることにしましょう。

このような思想を代表するような禅僧に、唐時代を生きた南泉普願《なんせんふがん》（七四八〜八三四）や、その法を受け継いだ趙州従諗《じょうしゅうじゅうしん》などがあります。

因みにこの趙州という人は、なんと十八歳にして悟りを開き、四十年のあいだ南泉の下で修行したと伝えられています。ところが師の南泉が遷化《せんげ》（亡くなること）されると、すでに六十歳になっていた趙州は、「七歳の童子でも、自分より勝れているものには、教えを受ける。百歳の老人でも、自分に及ばないものには、教えてやろう」と誓いを立てて、再び行脚《あんぎゃ》に出かけたのです。

そして八十歳を迎えると、ようやく趙州の観音院というところに帰ってきて、百二十歳で示寂《じじゃく》された、と伝えられています。

地獄に入る

この趙州の語録である『趙州録』を見ますと、

吾れ、仏の一字、聞くを喜ばず。

（筑摩・禅の語録11『趙州録』一一五頁参照）

と大変なことを述べておられます。このような趙州の禅思想は、一般に「異類中行」といわれるもので、まことに恐るべき発想ですね。

ではそのような危険なことを口にする趙州の真意は、いったいどこにあるのでしょうか。次のような問答から察してみてください。

問う　凡夫聖者《ぼんぶせいじゃ》もいなくなってしまったら、どうしましょう。

趙州　どうかお前さんだけは、立派な人であって欲しい。どうせワシなんかは、仏や祖師にとってのお邪魔虫なんだから。

（同『趙州録』一五四頁参照）

問う　趙州和尚という方のお名前を聴いて遠くから参りましたのに、お姿が見えません。

趙州　それは、ワシが罪深い人間だからだ。（同『趙州録』一五四頁参照）

問う　根源に帰るとは、どういうことですか。

趙州　帰ろうとすることが、そもそも間違いじゃないか。

（同『趙州録』一五八頁参照）

問う　立派な老師さまでも、地獄に入りますか。

趙州　ワシは真っ先に入る（末上《まつじょう》、地獄に入る）。

問う　りっぱな老師さまがまた、どうして地獄に入られるのですか。
趙州　ワシが入らなかったら、どうして貴方に出会うことができよう。

（同『趙州録』一七〇頁参照）

問う　仏をも超えた人とは、どういう人ですか。
趙州　今、そこで牛を曳いて耕している人だ。

（同『趙州録』二〇五頁参照）

異類中行の思想

趙州という人はこのように、「異類中行」の思想を、身を以て示した方です。人間よりは畜生の方が勝れている、自分も死んだら是非とも畜生になって生まれたいものだ、という極端な思想です。

問う　長いあいだ、趙州の石橋《しゃっきょう》と聴いて慕っておりましたが、来てみたら何のことはない、ただの丸木橋なんですね。
趙州　貴方は丸木橋を見て、趙州の石橋を見ていない。
問う　では、その石橋とはどのようなものですか。
趙州　ロバも渡し、馬も渡すよ。（同『趙州録』二七二頁参照）

問う　平常心《へいじょうしん》（日常の心）とは、どのようなものですか。
趙州　虎狼野干《ころうやかん》（畜生たち）がそれだ。（同『趙州録』一四四頁参照）

問う　仏は誰のために煩悩する（悩む）のですか。
趙州　すべての人のために煩悩するのだ。
問う　どうすれば、煩悩を免れることができますか。
趙州　免れて、どうしようというのか。（同『趙州録』八四頁参照）

『趙州録』には、この他にも同趣の話が出ていますが、これだけでもう、趙州が言わんとされているところを、充分お察しのことと思います。

頓悟《とんご》の思想

仏や悟りに対するこのような否定的な言い方は、修行者たちが悟った人としての「仏」に対して持つ、理想主義的な憧れを粉砕してやろうという、趙州の親切にほかならないのです。

そういう理想主義に対する否定は、すでに早く六祖慧能の頓悟思想として思想化されていたものです。

達摩から五代続いてきた禅宗が六祖まで来て、思想的に北宗漸悟《ぜんご》の禅と南宗頓悟の禅とに、はっきり分裂したのです。その後、北宗禅は洛陽や長安の都に栄えた後、やがて断絶してしまいました。そして南のかた江湖《ごうこ》（江西や湖南の田舎）に広がった頓悟の禅が、今日まで伝えられてきたのです。

『六祖壇経』にその南頓北漸の分裂の事情を示す、面白い話が出ていますので、ここで採り上げておきましょう。

ある日、五祖が門人を集めて言われた。

私はいつもお前たちに説いている。この世を生きるにとって生死こそ最も重大事なのだ。この生死を出離しなければ、どうして生きがいがあろうか。さあ、今日は一つ、今まで磨いた自分の本心を詩に示して私に差し出してみよ。

私がよしこの男だと見抜いたら、その男に私の持っている達摩いらいの衣法《えほう》（伝灯の証明）を与えて、禅宗の第六祖としてやろう。さあ、ぐずぐずしていてはいけない、今すぐだ。頭で考えたりするようなことでは、なんの役にも立たないぞ。わかっているものは、既に気づいているはずだ。

これを聞くと門人たちはいっせいに、そのようなことができるのは、神秀上座《じんしゅうじょうざ》（?〜七〇六）しかないと言って尻込みをした。神秀は自分こそと自負して、自分の心境を次のような偈《げ》（詩の形態）にして書き、夜中、廊下の壁に貼り付けた。

身は是《こ》れ菩提樹《ぼだいじゅ》
心は明鏡台《めいきょうだい》の如し
時々《じじ》に勤めて払拭《ふっしき》して
塵埃《じんあい》をして染《そ》ましむることなかれ

（意訳）
身体は悟りの樹。
心は澄んだ鏡。
いつも綺麗に磨き、

塵やほこりを着かせまい

（筑摩・禅の語録4『六祖壇経』二六頁参照）

本来無一物

翌朝、これを見た五祖は、神秀はまだ本心がわかっていないと見抜き、神秀に更なる詩を求められた。神秀は心穏やかならず、逡巡していた。

二日ほど経ったとき、盧行者《ろあんじゃ》（寺男、のちの六祖慧能）は、ある少年が米搗小屋の傍でこの詩を口ずさむのを耳にして、この詩を書いた人はまだ自分がわかっていないぞ、と見抜いた。そして、自分は無学文盲で字が書けないからと、人に頼んで、次のような自分の詩を壁に貼って貰った。

菩提、本《もと》樹《き》無し
明鏡、亦た台に非ず
本来無一物《ほんらいむいちもつ》
何《いず》れの処にか、塵埃有らん

（意訳）
悟りなどという樹は、ありません。
澄んだ鏡のような心もありません。
初めからなんにもありません。
どうして埃《ほこり》など溜まりましょう。

（同『六祖壇経』三六頁参照）

これが「南宗頓悟」といわれる思想の根本です。北宗の修定主義のように、迷いを払って悟りを得る、という漸修漸悟の理想主義ではなくて、悟りは迷いの中にこそあるのだという、頓修頓悟の智慧主義なのです。

現実の絶対肯定

先にも出ましたが、唐の大珠慧海《だいしゅえかい》の語録に、『頓悟要門《とんごようもん》』というのがあります。

「頓悟要門」というのは、今更言うまでもありませんが、悟りを求めて坐禅修行し、次第に悟りに近づこうとする「漸悟」の反対で、悟りと迷いの二元分別的な立場を一気に超えてしまうための要領、という意味ですね。

この『頓悟要門』という語録は、そういう頓悟の思想を示そうとするものです。この中に、唯識教学《ゆいしききょうがく》（すべて存在する物は識心から成り立っている、とする思想）の学僧と、大珠《だいしゅ》とのあいだの次のような面白い問答が見えます。

問う　貴方はどんな心を用いて、修道されるのですか。

大珠　私には用いるような心などなく、修するような道もありません。
問う　そんなことだったら、どうして多くの修行者を集めて、彼らに修行せよと勧められておられるのですか。
大珠　私には錐《きり》を立てる場所さえありません、貴方は私が、いったいどこに修行僧たちを集めると言われるのですか。私には舌がないのに、どうして人に修行など勧められましょうか。
問う　すると貴方は人びとに向かって、嘘をついておられるわけですね。
大珠　人に勧めようにも、舌がありません。どうして嘘などがつけましょう。
問う　私には貴方の言われることが、さっぱりわかりません。
大珠　私にもわかりません。

（筑摩・禅の語録6『頓悟要門』一五四頁参照）

また、別の問答に、

問う　仏法は現実の世界を否定せず、また絶対の世界にも留まらない、というのは、どういうことですか。

大珠　現実界を否定しないというのは、仏陀が道を究めようと志を立て、菩提樹の下で悟りを開かれ、沙羅双樹に行って涅槃（死ぬこと）に入られるまで、すべてを捨てられなかったことです。また絶対の世界に留まらないということは、無念の行を実践しても、無念をよしとはしない、空を修めたと言っても、それを証《あか》しとはしない、ということです。そんなことでは満足しないということです。

（同『頓悟要門』七二頁参照）

地獄はあるか

このような思想はやがて、地獄の積極的肯定へと、極端に深化していきます。

問う　地獄というものはあるでしょうか。
大珠　有ったり無かったりです。
問う　どうして、有ったり無かったりですか。
大珠　心が造るものは、すべてが悪い行ない（悪業《あくごう》）で、そこに地獄があるのです。もし心に染まるものが何も無ければ、心はもともと空ですから、地獄などありえないのです。
（同『頓悟要門』七三頁参照）

問う　罪深い衆生にも、仏性はあるのでしょうか。

大珠　もちろん仏性はあります。

問う　仏性があるとすれば、衆生が地獄に入るとき、仏も一緒に入るのですか。衆生は罪深いから地獄に入るのでしょうが、仏もやはり罪を犯すというわけですか。

大珠　仏も衆生とともに地獄に入って、衆生のように苦しみを受けるのです。ただ、衆生は自分の罪によって地獄に堕ちるが、仏はそういう苦しみは受けないのです。

問う　同じように地獄に入るのに、どうして仏は苦しみを受けないのですか。

大珠　衆生は現実界の姿です。現実界のものは生滅の変化があります。仏は絶対界のもので、それには実体（自性）がないのです。だから「空」というものには、苦しむなどということもないのです。たとえば人が虚空に薪を積むようなものです。薪は崩れるが虚空は崩れないでしょう。虚空を仏性に喩え、薪を衆生に喩える。それ故一緒に地獄に入っても、しかも一緒に罪苦を受けないのです。

（同『頓悟要門』七五頁参照）

黄檗の一乗道《いちじょうどう》

話は一気に、臨済義玄の師である黄檗希運《おうばくきうん》に飛びますが、この黄檗にも次のような問答が見えます。

問う　仏と衆生とは同じですか、別ですか。

黄檗　本質において、同とか異とかはないのだ。小乗仏教では仏性と衆生性を分けて、仏と衆生には違いがあると言う。ところが大乗仏教の祖師たちは、そんなことは言わないのだ。ただ「一《いっ》心《しん》」を示すのみで、衆生と仏は、同でもなく異でもない。原因

（迷いの衆生）と結果（悟りの仏）の関係でもないのだ。ただこの一乗道（一つのもの）だけであって、二もなく三もないのだ。ただ、仏が方便として説かれる方法が別なだけだ。

（筑摩・禅の語録8『伝心法要・宛陵録』一〇七頁参照）

このような頓悟の立場からしますと、わざわざ仏というものを立てると、それが却って修行の邪魔になるというわけです。そこから趙州のように、「仏否定」などという、禅僧独得の思想がでてくるのです。

第十二章　禅心の伝達

以心伝心《いしんでんしん》

さて、禅宗の祖師たちはみな、自力で手にしたこのような悟りこそ、仏陀いらい伝灯の祖師たちが伝えてきた「心印《しんいん》（悟りの内容）」に間違いはない、ということを自負しました。そしてその心印を次の世代に伝えることを、みずからの使命として、弟子の指導に当たったのです。その伝達の方法は特に、「以心伝心」（心を以て心に伝える）と呼ばれています。

以心伝心の先蹤《せんしょう》として、禅宗で最も大切にしているのは「世尊拈花《せそんねんげ》」といわれる伝達の話です。仏陀は自分の悟りの内容を、どのようにして弟子の摩訶迦葉尊者《まかかしょうそんじゃ》に伝えたか、という話です。

釈迦牟尼仏《しゃかむにぶつ》（仏陀のこと）が霊鷲山《りょうじゅせん》での説法のとき、一言も言わずにただ黙って一本の華《はな》を持ち上げて、説法の場に集っている人々に示された。人びとは何のことかわからず、黙っているばかりであった。ところがひとり摩訶迦葉《まかかしょう》だけは、それを見ると破顔微笑《はがんみしょう》（にっこり微笑むこと）した。すると仏陀は言われた。

私は真実の正しい智慧（正法眼蔵《しょうぼうげんぞう》）、安らかで妙なる心（涅槃妙心《ねはんみょうしん》）、真実で形のない素晴らしい法の教え（実相無相《じっそうむそう》、微妙法門《みみょうのほうもん》）を持っている。いまそれを文字ではなく（不立文字《ふりゅうもんじ》）、また教えというものとは別の方法で（教外別伝《きょうげべつでん》）、摩訶迦葉に委ねよう。

（筑摩・禅の語録18『無門関』三七頁参照）

心は伝えられない

次の縁法師（不詳）とある人との問答も、これとよく似た仏法の伝達方法を示しています。

問う　どうして、私に法を教えてくださらないのですか。

縁法師　もし私が理法《りほう》（理屈）によって教えるならば、貴方を指導することにならないのです。もし私が理屈を持ち出すならば、貴方を欺し、貴方を裏切ることにさえなってしまいます。たとえ私が理法をもっているとしても、どうしてそれを他人に説明することなどできましょう。もちろん貴方に対しても、説明などできません。（中略）文字や言葉などは、貴方を誑《たぶらか》すだけです。

大道《だいどう》（仏道）というものの内容は、芥子粒《けしつぶ》ばかりも説明のできないものなんです。たとえ説明できたとしても、それは貴方にとって、何の役にも立たないでしょう。

その人は更に問いを続けますが、縁法師はもう何も答えなかった。

また、ある人が問うた。

問う　どのように安心《あんじん》（心を落ち着ける）すれば良いでしょうか。

縁法師　そもそも、大道《だいどう》（仏道）などという、特別の心があると思ってはならないのです。私の思うには、心というものは初めから知ることのできるものではないし、奥深いものであって、気づくことさえできないものなのです。

（筑摩・禅の語録1『達摩の語録』二〇七頁参照）

縁法師のこのような真理伝達についての考え方は、かの古代ギリシャの哲人ソクラテスの、「間接伝達」という伝達の方法と同質のものではないか、と私は以前から考えています。

ソクラテスは、街角で真理を語るソフィストたちに問答を吹っかけ、物知り顔の彼らに自分の無知さを自覚させ、自分自身で真理に気づかせた、と言われています。これがソクラテスの有名な「汝自身を知れ」という、真理の伝達方法です。

普通の人のする教育は、いわゆる人から人へという、「真理の直接伝達」に過ぎません。しかし、ソクラテスにとってそれは、単なる知識の伝達に過ぎないのであって、決して本当の「知」の伝達ではなかったのです。

彼によれば真理の伝達は、問う人が自己の底を破って自己の外に出ることによって、超越的地平に立つとき、その地平において、初めて答える人の、歴史的時間を超えた超越的自己と出会うことができる、というわけです。これが宗教哲学で、「真理の間接伝達」といわれているものです。

真理の間接伝達

もともと私は学生時代に、この真理の素晴らしい伝達の方法を、デンマークの実存思想家ゼーレン・キェルケゴール（一八一三〜一八五五）の研究から学んだのです。そしてこれこそまさに禅僧が、「以心伝心」と呼んでいるものじゃないかと、膝を打った覚えがあります。

言うまでもなくこの以心伝心こそ、先にも述べましたように、達摩の語に「不立文字、教外別伝、直指人心、見性成仏」というのがあり、これが禅宗に於ける伝灯の基本なのです。

つまり、禅宗の祖師たちの禅心伝達の方法もまた、間接伝達の東洋的な形じゃないかと、私は合点しているのです。

慕い寄り、問いかけてくる修行者に対して、禅とはこういうものだと直接に説いて聞かせるのではなく、むしろ質問者を非情に突き放す祖師たちのやり方です。これこそが「老婆心切」と言われるように、修行者に対する本当の心切だとされているのです。

このことに関して、「雲門折脚《うんもんせっきゃく》の話《わ》」という、次のような話がありますので、紹介しておきましょう。

雲門文偃《うんもんぶんえん》（八六四〜九四九）が若い日、睦州道蹤《ぼくじゅうどうしょう》（生没年不詳）に参じた。睦州は雲門がやって来るのを見ると、門を閉めてしまった。雲門は門を叩くばかりであった。

このようなことが三日続いた。三日目に睦州が門を開いたので、雲門は飛び込んだ。睦州は雲門の首っ玉を押さえ、「さあ、何とか言ってみろ」と言った。雲門がたじたじとすると、睦州は彼を突き放し、「この用無しめ！」と言って門外に突き放し、ピシャリと門を閉められた。

すると雲門の脚が、門に挟まって折れた。とたんに雲門は真実の自己を悟った。

（禅文化研究所『訓読　五灯会元』中巻、五六九頁参照）

ここで思い出したことがあります。それは京都紫野にある臨済宗大徳寺派の大本山大徳寺の開山、大燈国師《だいとうこくし》（宗峰妙超《しゅうほうみょうちょう》、一二八二〜一三三七）のことです。この方は、一生脚が不自由であったらしいのです。それで周りの人はこの人を、「雲門の再来」と言って敬慕した、というのです。

大燈国師の遺誡《ゆいかい》

その大燈国師が遷化《せんげ》（亡くなる）されるとき、弟子たちに遺された「興禅大燈国師遺誡」というものがあります。今日でも臨済宗の専門道場では、雲水《うんすい》（修行僧）たちが日常的にこの「遺誡」を、木魚の音とともに斉唱しています。ここにも禅宗における「法の伝達」ということについて、大切なことが述べられていますので、全文写しておきましょう。

汝等諸人、この山中に来たって、道《どう》の為《ため》に頭《こうべ》を聚《あつ》む。衣食《えじき》の為にすること莫《なか》れ。肩有《あ》って著《き》ずということ無く、口有って食《く》らわずということ無し。只《た》だ須《すべか》らく十二時中、無理会《むりえ》の処に向かって、究め来たり究め去るべし。光陰《こういんや》箭の如し。謹《つつし》んで雑用心《ぞうようじん》すること勿れ。看取《かんしゅ》せよ、看取せよ。

老僧行脚《あんぎゃ》の後《のち》、或いは寺門繁興《じもんはんこう》、仏閣経巻《ぶっかくきょうかん》、金銀を鏤《ちりば》め、多衆《たしゅ》閙《にょう》熱《ねっ》、或いは誦経諷誦《じゅきょうふうじゅ》、長座不臥《ちょうざふが》、一食卯斎《いちじきぼうさい》、六時行道《ろくじぎょうどう》、直饒《たとえ》恁麼《いんも》にし去ると雖《いえど》も、仏祖不伝《ぶっそふでん》の妙道《みょうどう》を以《もっ》て、胸間《きょうかん》に掛在《かざい》せずんば、忽ち因果を撥無《はつむ》し、真風地に墜《お》つ。併《み》な是《こ》れ邪魔の種族《しゅぞく》なり。老僧世を去ること久しくとも、児孫《じそん》と称《しょう》することを許さじ。

或いは儻《も》し一人《いちにん》有り。野外に綿絶《めんぜつ》し、一把茅底《いっぱぼうてい》、折脚鐺《せっきゃくしょうだい》内に、野《や》菜根《さいこん》を煮《に》て、喫《きっ》して日を過ごすとも、専一《せんいつ》に己事《こじ》を究明《きゅうめい》する底《てい》は、老僧と日々相見《にちにちしょうけん》、報恩底《ほうおんてい》の人なり。誰《たれ》か敢《あ》えて軽忽《きょうこつ》せんや。勉旃《べんせん》、勉《べん》旃《せん》。

（禅文化研究所『臨済宗勤行聖典』参照）

やはり禅心の伝達ということは、飽くまで間接伝達でなければならない、ということがはっきりしていますね。

七百年を経て今に

殊に大燈国師の場合は、七百年先の私たちに向かって遺言しておられるのであって、決して眼の前にいる門人たちに遺言されたのではないのです。部分的に訳してみましょう。

自分が死んでからどれほど歳月を経ようと、自分の禅を引き継いでいく児孫《じそん》は、決してお寺を立派にしたり、毎日の行事をしっかりやっていくだけの者であってはならないのだ。

間違ってもそういう修行者が他人に向かって、自分こそは大燈国師の禅を継いでいる末裔《まつえい》だ、などと言い振らすことを私は許さない。

私の本当の末裔ならば、たとい村里から遠く離れた山中の小屋に住んでも、破れた鍋で野菜を食うような貧しい生活をしてもよいのだ。ただひたすら、「この自分とは、いったい何者であるか」ということだけを追求し続けるならば、そういう禅坊主こそ、毎日毎日、この私と向かいあって、私の教えを守っている人間といえよう。そういう人間を、いったい誰が軽んじるであろうか。しっかり頑張って貰いたいものだ。

この遺誡の言わんとするところは、まさに「真理の間接伝達」と言うべきものですね。先に挙げましたキェルケゴールは、もとよりキリスト教徒です。彼は、イエス・キリストの真の弟子は、イエスと同時代に生きて毎日イエスの話を聴いていた弟子よりも、イエスの何百年後に生きる「間接の弟子」の方が、かえって真の弟子であり得る、と述べています。

大燈国師とキェルケゴールの両者は、国も時代も隔たっていながら、言われていることの、なんと同質であることでしょう。

第十三章　接化の手段

鼻を捻じあげる

禅心の伝達ということについて、少し違った観点から見てみましょう。こんな話があります。似たような話ですが、二つ挙げておきます。

一つ目は、「百丈野鴨子《ひゃくじょうやおうす》」という公案です。

馬祖道一《ばそどういつ》が弟子の百丈懐海《ひゃくじょうえかい》（七四九〜八一四）と、一緒に歩いていたとき、野鴨《のがも》が飛んで行くのを見て、馬祖が言った。

馬祖　あれは何だ。
百丈　野鴨です。
馬祖　どこへ行ったか。
百丈　あっちへ飛んで行ってしまいました。

すると馬祖は、いきなり百丈の鼻を捻《ひね》り上げた。

百丈　痛い！
馬祖　飛んで行ってなんか、いないじゃないか。

（筑摩・禅の語録15『雪竇頌古』一五五頁参照）

私たちが日常的に見ている周りの世界の景色や出来事、それが実は自分自身のことであったと気づかされたとき、百丈は世界と自分は離れていない、ということを悟ったのでしょう。

先に、本当の真理伝達は、師と弟子とが直接対面してはあり得ない。むしろ師と弟子が互いに遠く離れていてこそ、弟子は初めて自分自身に返ることができる、ということを言いましたが、ここでもまた日常の自己と無関係に、高く空を飛ぶ野鴨が実は自分だったのだ、と気づかされたという話です。

好雪片々《こうせつへんぺん》

もう一つはこんな問答です。

龐居士《ほうこじ》が薬山惟儼《やくさんいげん》（七五一～八二八）を訪ね、山を下りて帰ろうとしたとき、薬山が弟子十人に命じて居士を門まで見送らせた。居士が、天から舞い降りてくる雪を指さして言った。

居士　好雪片々、別処《べっしょ》に落ちず。
弟子　では、どこに落ちるのですか。
その途端、龐居士は、弟子の頬を打った。
弟子　酷いことをしないでくださいよ。
居士　そんなことで禅僧だなんて言っていたら、閻魔さんも許すまいぞ。
弟子　じゃ貴方ならどうですか。
龐居士は、また横っ面をぶん殴って言った。
居士　貴公は真実が見えないいし、真実を語ることもできないいんだな

あ。　　　　　　　　　（筑摩・禅の語録7『龐居士語録』三一頁参照）

「好雪片々、不落別処」というこの語は、今もよく老師などが好んで揮《き》毫《ごう》される禅語で、どこかで見られたことがおありでしょう。

なるほど天から舞い降りてくる紛々とした雪の粉は、ひとひら、ひとひら、それぞれの処に落ちていきます。そのように人間もまた、一人ひとり別であって、決して同じものではないという単独性を言われたのでしょう。龐居士はご親切に、お前もそうじゃないかと気づかせるために、親切に質問僧の頰を打たれたのでしょう。

第十四章　悟りは日常の中に

悟りは日常のなかに

さて、先述のように仏を否定したり、地獄に入ることを望んだりするようになってくると、禅修行に於ける眼目とされる「悟り」とは、いったいどういうことになるのか、また、私たち人間なら誰でも振り払いたいと思っている「迷い」とはいったい何なのか、ということが改めて問われてくると思います。

それで本章では、悟りということはいったいどういうことかということを、もう一度考えてみましょう。まずこのことに関して、初祖達摩大師の次のような言葉があります。

問う　悟りというものは、どんなところにあるのでしょうか。
達摩　歩いているところに悟りがあり、寝ているところがそのまま悟りの場なのだ。坐っていることが悟りの場であり、立っていることが悟りの場なのだ。

（筑摩・禅の語録1『達摩の語録』一六一頁参照）

ということになると、日常生活の行住坐臥《ぎょうじゅうざが》がそのまま、悟りの真っ只中ということになります。となると私たちの日常生活でさえも、そのまま悟りの真っ只中ということになりますが、本当にそれでいいのでしょうか。

達摩からそう簡単に言われても、私たちはすぐに、「はいそうですか」と、安心してしまうことはできませんね。やっぱりこのままでは落ち着かない、というのがお互いの本音ではないでしょうか。

問う　では、仏さまたちの境地とはどういうものか、教えてください。

達摩　存在するものは有るのでもなく、また無いでもないのだ。しかも有るとか無いとかいうような考えにも囚われないのを、仏の境地と呼ぶのだ。

もし、お前の心が木や石のようなものでさえあったら、仏の境地は「有智」で知ることも、「無智」で知ることもできないであろう。（中略）そうなると常識的な心で見えているものは、みな妄想分別、取り違いに過ぎないことになる。（中略）仏の智慧は説明できないし、そうかといって隠すこともできない。坐禅したってわかるものでもない。

理解とか推量とかできないようなものをこそ、「仏心」というのだ。それさえわかれば、ガンジス川の砂ほどある煩悩も、いっぺんに無くなってしまうのだ。（同『達摩の語録』一六二頁参照）

平常心是れ道《びょうじょうしんこどう》

達摩が中国に禅を伝えた梁の時代（五世紀末〜六世紀初）から、唐宋の時代（七〜十三世紀頃）まで降りますと、禅宗は洛陽や長安といった中央都市から離れ、南の地方に広がります。これがいわゆる「江湖《ごうこ》の禅」と呼ばれるもので、文字どおり揚子江の西や洞庭湖の南の山々に、禅の巨匠たちが道場を開き、四方から集まってくる雲水《うんすい》（修行者）たちに、それぞれ特色のある仕方で禅を説きました。

これが後になって、「五家七宗《ごけしちしゅう》」と呼ばれ、それぞれ個性豊かな独自の禅風となって発展したのです。

因みに「五家」というのは、潙仰宗《いぎょうしゅう》、臨済宗、曹洞宗、雲門宗、法眼宗の五つを言います。後に臨済宗が、黄龍派《おうりょうは》と楊岐派《ようぎは》に分かれたので、総称して「七宗」と言い、それぞれが独得の禅思想を挙揚したのです。

南泉普願《なんせんふがん》という禅僧は、池陽《ちよう》という処で、自分で建てた禅院に住み、簑《み》笠《がさ》をつけて牛を飼い、山に入っては木を切り、田を耕しつつ禅の道を鼓吹し、自分のことを王老師《おうろうし》と自称し、三十年もこの山を下られなかった方です。

趙州従諗が修行中、この南泉を訪ねたときの問答です。

問う　禅の道とは、どんなものでしょうか。
南泉　平常の心だ。
問う　それを目指して修行すればいいのでしょうか。
南泉　いや、何かを目指して求めようとすれば、もう駄目だ。

問う　何かを目指して修行しなかったら、どうしてそれが道だということが知れましょうか。

南泉　道は知るとか知らない、ということとは関係ない。知るというのは妄念だし、知らないというのは、何もなしじゃないか。もし、目指すことのない道に達したら、大空のようにカラリとして透き通ることだろう。それを、ああだこうだということなど、どうしてあり得よう。

これを聞いたとたん趙州は、言下に奥深い真実を悟って、名月のような心境を得た。

（筑摩・禅の語録11『趙州録』二一頁参照）

これが良く知られた南泉の、「平常心是れ道」という語の出拠なのです。

頓悟菩提《とんごぼだい》

このようにして、禅心の自由を説く中国独得の禅は、やがて「平常禅」というものを説いた馬祖道一へと繋がってゆきます。その馬祖の弟子である大珠慧海が著した『頓悟要門』の中から、幾つかの問答を採り上げてみましょう。

問う　どのような仏法を修行すれば、悟りからの解放を得ることができますか。
大珠　そりゃ「頓悟」あるのみさ。
問う　頓悟とは、どういうことですか。
大珠　一瞬に妄念を除き、得るものなんか何もない、と悟ることだ。
問う　いったいどこから、そのような修行を始めたらよいのですか。
大珠　心を根本として、修行すればよいのだ。

問う　どうすれば、心が根本になるのですか。

大珠　『楞伽経《りょうがきょう》』に、心が生じたら種々の差別《しゃべつ》の姿が生じ、心が滅したらそれらはなくなる、とある。

『維摩経《ゆいまぎょう》』にも、大乗を望む修行者は、自己の心を治め、浄めることに努めるべきである、とある。

『遺教経《ゆいきょうぎょう》』には、心を一処に集中すれば、なにごとも成就せぬものはない、とある。

『仏名経《ぶつみょうきょう》』には、罪は心から生まれ、心から消えるものと説いてある。

これらの経典に依れば、善悪やその他一切の価値観は、自分の心に原因がある、ということがわかるであろう。このような解脱を求めるのであれば、まず、根本にある自己の心を見極めることだ。

もしこの真理がわからなければ、無駄な努力を費やすだけであり、外に向かって求めるということが、大きな間違いになるのだ。『禅門経』に、「外に向かって求めていては、何億年たっても何も得られない。内に自己の心を観じていけば、一瞬にして菩提《ぼだい》（悟り）を証することができる」と説いてある通りだ。

（筑摩・禅の語録6『頓悟要門』七頁参照）

そういえば『維摩経』には、「直心《じきしん》是れ道場」という有名な言葉がありますので、ここで少し触れておきましょう。

直心是れ道場

『維摩経』は、仏陀の説いた経典ではなくて、維摩居士という在家の人が仏陀の弟子たちに、大乗仏教という新しい思想の真髄を説いて聴かせるという、代表的な「大乗経典」です。この経典の「菩薩品第四《ぼさつぼん》」というところに、次のような問答があります。

仏陀が光厳童子に向かって、維摩居士の病気見舞いを命じられます。すると光厳童子が、これをお断りして、その理由を次のように言うのです。「いつのことでしたか、私がこのヴァイシャーリーの街から出て行こうとしましたら、街へ入ってこられた維摩居士と出逢ったのです。私は挨拶しました」。

光厳　どちらからお見えですか。
維摩　道場からやって来ました。
光厳　道場とはどちらですか。
維摩　直心《じきしん》が道場です。嘘や偽りが有りませんからね。

（禅文化研究所『維摩経ファンタジー』八四頁参照）

つまり維摩居士からすれば、道場とは心に乱れがないことに他ならないのですね。幾ら長いこと道場という建物のなかで閑かに坐禅していても、心にあれこれと思うところがあっては、道場にならないというわけです。『註維摩詰』（維摩経の注釈書）によりますと、「方寸という狭い場に心を集め、しかも行を満ずる（あらゆる活躍をする）ことこそ、真の道場である」としてあります。あらゆる日常生活の場にあって、心が揺れることなく活躍することが、真の道場だというのです。

心のハタラキ

大珠慧海の『頓悟要門』はまさに、この維摩の直心を受け継いでいるのですね。別のところに次のような問答が見えます。

問う　心を用いて修行するならば、いつ解脱（悟り）が得られるでしょうか。

大珠　心を用いて修行することは、まるで穢《きたな》い泥《どろ》で垢《あか》を洗おうとするようなものだ。般若（悟りの智慧）は玄妙（奥深いもの）で、無生（わざわざ生じるということのないもの）であるが、それが大いなるハタラキとして顕われるときには、時間を超えているのだ。

問う　凡夫でも、そのようになれるものでしょうか。

大珠　見性《けんしょう》（自己の本性を見極めること）したならば、もう凡夫ではなく、この上ない仏法を頓悟して、凡も聖もいっぺんに超えてしまうのだ。迷っている人はどうしても凡と聖を分けようとするが、悟った人は生死の苦しみも涅槃の安らぎも、一挙に超えてしまうのだ。

迷った人は現象とか、その背後にある本質とかを説くが、悟った人のハタラキは、そんな区別を超えてしまっているのだ。迷える凡人は何かを得たいと願い、また得たという証拠をも求めたがるが、悟った人には求めるものも、得るものもないのだ。迷っている人は、悟りを遠いところに求めようとするが、悟った人は、そんなものは今この瞬間に見抜いてしまうのだ。

（筑摩・禅の語録6『頓悟要門』一五七頁参照）

第十五章　慈悲心の発露

龐蘊居士《ほううんこじ》

私たちは誰でも、困っている人に対して同情し、優しいことばを掛けて慰めるくらいの親切心を持っています。しかしそれが本当の親切になっているかどうかは、また別の問題です。それが単なる同情であれば、却って苦しんでいる人を傷つけたりするからです。それはある意味で、親切そうに見せる人の傲慢《ごうまん》でさえあり得るのです。

ここに一つ中国唐時代の龐蘊居士（?～八〇八）という人に纏わる、よい話がありますのでご紹介しておきましょう。

龐居士という人は、中国の維摩《ゆいま》居士とも仰がれた人で、まさしく『維摩経』菩薩品にいうところの、「質直の心を起こして、正しく善行を行じた」在家の居士であったのです。

『祖堂集』巻十五によりますと、この人は襄陽城《じょうようじょう》の西に小さな居を構え、竹笊《たけざる》を作って、娘の霊照《れいしょう》にそれを街へ売りに行かせて生計を立てていたといいます。この人は馬祖道一《ばそどういつ》に参じて、早くから禅に親しんでいたようです。

巨万の資産家であった龐居士は若い日、一切の家財を舟に積んで洞庭湖に沈め、その後は家族とともに貧しい生活に甘んじながら、死の際まで禅に親しんだと言われます。娘の霊照もまた、禅心豊かな人であったようです。

倒れた父を起こす

『龐居士語録』に見える次の話は、老人に対する禅の心を、じつに素晴らしく伝えていると思いますが、如何でしょうか。

居士が笊《ざる》を売りに出たとき、橋を下りがけに、つまずいて転んだ。これを見た霊照は、父の傍に駆け寄って自分も転んだ。龐居士が言った、「どうしたんだお前」。霊照が言った、「お父さんが倒れたので、助けてあげたのよ」。居士が言った、「誰も見ておらなくて、よかったわい」。

（筑摩・禅の語録7『龐居士語録』一九五頁参照）

さて皆さんは、この話をどのように受け取られたでしょうか。普通、私たちだったらすぐに手を差し伸べて、老父を起こしてあげるでしょう。それが親孝行のすることですね。

霊照はそうしなかったのです。その代わりに父の傍に転んで、老人の悲しさに成りきってあげたのですね。言うまでもなくこれは、禅心のデモンストレーションであって、こんなことを日常的にせよ、というのではありません。

それに対する居士の応答がまた、素晴らしいではありませんか。ふつうなら「霊照よ、ありがとう」ですね。ところが居士は、どのように感謝を表明したでしょうか。そうです、「誰も見ていなくて、よかったわい」と、老いの悲しい心をさらけ出しているのです。じつにすばらしい親娘のやり取りですね。

鏡と鏡が照らし合っていて、両鏡の間には、何も差し挟むものがないという、すばらしい共感です。助ける者と助けられる者とが、一体になっています。

私たち凡人の場合はやはり、助けようとする者の気負いと、助けられるものの悲しさとが対立しています。今日われわれの常識となっている社会福祉とか、慈善事業とかいうものとは、どこか質的隔たりが、あるように思います。

もちろんこれは、禅心のデモンストレーションであって、現実社会でこんなことは通用しません。困っている人に対して、惜しみなく救済の手を差し延べることは、人道上からして当然のことです。しかしうっかりして自分自身の弱ささえ棚上げにして、弱者救済という驕《おご》りに酔ってはいないか、と反省することも忘れてはならないと思います。

無縁の大悲

京都嵐山にある天龍寺の開山、夢窓疎石《むそうそせき》（一二七五〜一三五一）に『夢中問答《むちゅうもんどう》』という、足利直義《あしかがただよし》公との問答集があります。

この問答は、鎌倉にいるときから禅に親しんでいた直義が、幕府を京の都に移し、異母兄の尊氏と両頭政治をしていた頃になされたもののようです。

彼ら兄弟は嵐山に天龍寺という禅院を建立し、ここの開山に夢窓を請じ、南北朝時代に殉死した両軍の兵士の鎮魂をしたのです。

直義はこの機を逃さじと朝な夕な、夢窓に参じて、自分の禅心を深めたのです。その記録がこの『夢中問答』なのです。その中に、「慈悲について」の興味深い問答がありますので、この機会に写しておきましょう。質問者は直義です。

問う　禅僧方の書かれたものを見ますと、まず自分が悟りを開いた後、昔、作った罪業の残滓《ざんし》をすっかり洗い去り、なお余力があれば他人に及ぼすように、と教えておられます。もしそれが本当であるならば、大乗仏教の教えの中に、「自未得度《じみとくど》、先度他《せんどた》」、

夢窓

つまり、「自分はまだ救われていなくても、まず他の人を救え」とあることに反するのではないでしょうか。

慈悲には三種類のものがあります。一つは衆生縁の慈悲、二には法縁の慈悲、三には無縁の慈悲であります。

「衆生縁の慈悲」とは、生死《しょうじ》の苦しみに迷える衆生を見て、これを済度して出離させようとする慈悲であります。これは、自分だけが救われようとする小乗の修行者の慈悲には勝りますが、娑婆世界がまるで本当に存在するかのように思い、慈悲によって何らかの利益《りやく》がある、という思いがありますから、真実の慈悲とはいえないでしょう。『維摩経』が、「愛見《あいけん》の大悲《だいひ》」と批判しているのは、こういう慈悲なのです。

次に、「法縁の慈悲」というのは、この世界のすべてのものは「縁起《えんぎ》」、すなわち縁によって成り立っている、という教えによるものです。人間はもとより、この世のあらゆる存在はすべて幻《まぼろし》のようなものだ、と見抜いて、幻のような慈悲心を起こし、幻のような教えを説いてまわって、幻のような衆生を救おうとするものです。なるほどこれは大乗仏教の菩薩のする慈悲というものでしょうが、これもやはり真実の慈悲とはいえないでしょう。

さて、「無縁の慈悲」というものは、悟りを得ることによって、自分が生まれつき持っている慈悲心がおのずと顕われて、人を済度しようなどという心を起こさなくても、自然に衆生を救ってしまっている、というような慈悲です。例えば煌々と光る月は、水たまりがあれば、どんなに小さくても映るようなものです。

（角川ソフィア文庫『夢中問答入門』八三頁参照）

ここで直義が、「自未得度、先度他」、すなわち、たとえ自分は救われなくても、まず苦しんでいる衆生を救うことこそ大乗仏教の大切な教えだ、と言っていることは正しい大乗思想の理解であって、決して間違いではありません。普通ならばそれで良いのです。しかし、禅の立場からすればそれが十分ではないことを、直義は既に知っていたのです。ただ、なぜそれが十分でないのかがわからなかったのです。

智増《ちぞう》と悲増《ひぞう》

ところで夢窓によると、そういう慈悲は大乗仏教の精神からいえば大事なことだが、それは愛見の慈悲であって、慈悲としては二の次だといわれるのです。つまり、自分から見て可哀想だと思うことは、やはり自己中心的なのですね。

前にも見ましたように、禅宗では慈悲を施すものの心に、自他の分別があってはいけないというわけです。そこで禅は、まず他人に慈悲を施そうとする自分はいったいどういう自分であるかを、充分探求しておかねばならない。そうでないような慈悲は、単に独りよがりの慈悲になってしまう、というのです。

ここにこそ禅僧が、世の常の大乗仏教の慈悲には甘んじない、実に注目すべき点があるわけです。夢窓はそういう「禅心の慈悲」について、それまでになかったような珍しい説き方をされているのです。夢窓国師はまた別に、禅者の慈悲について次のように説いておられます。

自分が苦しみを逃れるために悟りを得たい、と努力する人は小乗の心であるから、どんなに頑張って修行しても、そんな者が仏になどなれるわけがありません。ましてそんな者が他人を救うことなど、どうしてあり得ましょうか。

さて、菩薩であろうとする大乗の修行者に、智増と慈増の二種があります。まず一切の苦しめる衆生を済度《さいど》し、その後で自分も仏道を成就しようとするのは、「慈増」の菩薩です。自分がまず仏道を成《じょう》じて、後に衆生を済度しようとするのは「智増」であります。

智増の人は二乗心（小乗を好しとする心）のようには見えますが、一切の衆生を済度するためには、まず自分自身が成仏しておかなければと、まず菩提心（悟りを求める心）を持つのです。

智増と悲増とは、一見違うように見えても、衆生済度の心に違いはありません。ですから衆生に対してする一善も、自己に課する厳しい修行も、本質は同じであります。

（同『夢中問答入門』八一頁参照）

夢窓国師はここで、智増も悲増も同じだ、と言っておられますが、やはり禅宗が禅宗であるゆえんは、あくまで人を救うためには一箇の人間としての自分の弱さ、悲しさ、寂しさを、充分自覚しておくことが前提でなければならないでしょう。そここそ、禅宗の禅宗たる所以があると思います。

慈悲の涙

昔から禅僧に逸話はつきものですが、逸話という字の如く、凡人の常識を逸脱した話、ということであります。禅僧が厳しい修行によって磨き上げた禅心が、そのまま日常的に行為や言葉となって顕われ、それに触れた人の心を揺さぶり起こし、その人が生まれつき具えている「仏心」が呼び覚まされるのです。

そういう、巧まずして顕われる「禅心」が、禅僧の逸話として語り伝えられてきたのでしょう。そしてそれこそ、夢窓の言われた「無縁の慈悲」に他ならない、と私は思っています。

これは単に剽軽《ひょうきん》とか諧謔《かいぎゃく》とかユーモアとかいうようなもの、あるいは見栄っ張りの社会福祉的な慈悲ではなく、もっと人知れず滲み出た深い禅心の発露にほかならない、と私は固く信じています。そういう観点から、私の心に深く刻まれた禅僧たちの逸話を、思い出すままにいくつか記しておきたいと思います。

岡山に曹源寺《そうげんじ》という禅寺があります。明治の頃、そこに儀山善来《ぎさんぜんらい》（一八〇二～一八七八）という老師が住んでおられました。ある日の夕方、老師が入浴されようとすると、お湯が熱すぎるので、小僧の宜牧《ぎぼく》に水を持ってきてくれと頼まれました。宜牧さんが川べりから、桶に水を汲んで持っていきました。

儀山　桶の底にあった、残り水はどうした。

宜牧　川へ捨てました。

儀山　馬鹿者！　そんな不陰徳なことをする奴があるかっ。残ってあった水を、その辺の草花に掛けてやれば、花はどれほど喜ぶことか。そんな思いやりもない人間が、いくら修行しても何にもならん。

（禅文化研究所『禅門逸話選』下、二三四頁参照）

宜牧は、素っ裸の老師の一喝で眼を開かされ、いっそう修行に励んだと言われます。この宜牧こそ、後に京都嵐山の天龍寺派管長になられた、滴水宜牧（一八二二〜一八九九）その人です。

人を助けて破門される

禅の修行はこのように、一人ひとりが自己の単独性を徹底的に自覚することが、第一の眼目です。しかしまた、その修行がただ自分のためということ、つまり自己中心的になってしまってはいけないのです。

自己を追求するのは大事なことですが、そのための苦しい修行を課せられる禅僧たちは、修行の中途半端な故に他人のことなど忘れてしまい、それどころか僅かばかりの自分の修行を誇り、それが却って傲慢になってしまったりする危険性が充分あります。

そうかといって、修行の最中に他人のことを考えていては、これも修行の妨げになるのです。ここが禅修行の難しいところですね。

一九六〇年、私がまだ二十代で、アメリカに留学してキリスト教の勉強をしていたときのことです。日本の友人から送られてきた一冊の本、『大《だい》雲祖岳自伝《うんそがくじでん》』というのを、貪るように読んでいましたら、次のような話が書いてあって、私は眼から鱗が落ちるような思いをしました。

ある日、いつものように禾山玄鼓《かさんげんく》老師（一八三八〜一九一七）が先に立って、六人の雲水を引き連れて托鉢に出かけた途中、坂道にかかった。ところが、重い荷物を山ほど積んだ荷車が、その坂を登りかねている。雲水の加藤晁堂《ちょうどう》が無意識に列を離れて、車の後ろを押してやった。

とその時、めったに後ろなど振り向かれたことのない老師が、ひょいと後ろをご覧になったかと思うと、ひとりでさっさと寺へ帰ってしまわれた。そして侍者を通して、「晁堂を下山させよ」と仰せられた。下山は叢林《そうりん》（修行道場）の一番重い罪であるから、本人はもちろん道友たちも非常に心配をして、どういう理由で追放せられるのか、せめて理由をと、恐るおそる尋ねたところ、「修行者ともあろうものが、他人の車に気を引かれるようでどうする。そのような無道心者《むどうしんもの》は、修行する資格がないから叩き出せというのだ」と言われた。

そこで訳はわかったが、ここで下山してしまっては一生戻れないから、晁堂は門宿《もんしゅく》といって、山門の処で坐禅して一週間ねばり通した。

そして道友の五人も、許してやってくださいと諄々《じゅんじゅん》と哀願したので、それなら独参《どくさん》（独りずつ老師の部屋に参じて禅心を錬ること）だけは許してやろうと、漸くお許しが出たという。

実によい話ではないか。こう話していても涙が出るよ。師家《しけ》もえらいが修行者もえらい。これだけの親切な宗師家《しゅうしけ》と熱烈な求道者《ぐどうしゃ》（禅の修行者）が現代、果たして何人ありや。恐らく皆無ではなかろうか。ああ。

（『大雲祖岳自伝』七四頁参照）

私がアメリカから帰った直後のある日、南禅寺畔で鈴木大拙博士と湯豆腐をつつきながらこの話をし、「アメリカの友人たちは、誰もこの話を理解しませんでした」と言いましたら、大拙博士は急に箸を止められ、「アメリカ人だって、老師の慈悲のわからんものはいない筈だ」と言って涙されたのです。

私がこの話を「老博士の涙」と題して、『鈴木大拙全集』第十巻の折り込み月報（一九八一年七月）に書きますと、賛否両論の烈しい反響が起こりました。事もあろうにはっきりと禾山老師を批判された禅宗の老師もおられました。

反対に、この話に感動されたカトリック教カルメル会の奥村一郎神父（一九二三〜二〇一四。当時、宇治修道院司祭）はこの話を読んで感動され、これをフランス語に訳して配布されたので、世界中のキリスト者たちの知るところとなりました。

しかしこの話、本当に禾山老師の心切を知ることのできる人が果たしてどれほどいるだろうかと、いまだに私は訝《いぶか》しく思っているのです。

第十六章　禅の民衆教化

禅僧と民衆の接触

さて、これまで見てきました禅の問答は、そのほとんどが修行の道場において、禅僧同士の間に交わされた修行についての問答でありました。これらは中国大陸という限定された世界で、しかも、唐や宋の時代を背景に、「禅の第一義」（禅の究極）を続《めぐ》ってなされた問答でした。「門外の人、門内の事《じ》を知らず」と言われ、一般社会の人が聴いても、それが何のことかさっぱりわからない、というものであったのです。

ところが、時代が南宋、元、明というように下ってきますと、禅心は書や絵画を通して表現されるようになり、禅僧との文化的交流を好んだ地方長官など、禅心の文化的表現は、いわゆる士大夫《したいふ》と呼ばれる上流支配階級の人々によって好まれるようになります。これが「士大夫禅」といわれるものですが、こういう世俗との交流は、禅僧たちの厳しい生活に世俗化をもたらし、禅宗そのものを堕落させてしまったのです。

片やそういう時代の到来によって、唐宋時代の禅僧たちの説法や問答は、木版技術の出現とともに〝禅僧の語録〟として文字化され、一般社会にも広く知られるようになりました。

私たちも今日、そういうふうにして伝えられてきた禅僧たちの語録のお陰で、中国や日本の禅宗祖師たちの言行に親しむことができているわけです。

宋、元、明の時代になって、中国と日本の交流が一段と盛んになると、

「二十四流日本の禅」といわれるように、中国からの渡来僧や日本からの留学僧たちによって、中国の禅宗が、さまざまなルートを通して、わが国に伝えられて来ます。

それも初めは、上流の武士階級のあいだで歓迎されたのですが、やがて徳川時代に入ると、禅文化という形で農工商を営む一般庶民のあいだにも親しまれるようになっていきました。禅僧たちの見せる奇抜な言語や行為は、人々のあいだに非常に新鮮な気分を与えたのです。

修行する禅僧と、修行とは無縁の一般庶民との接触が始まると、禅僧たちが発揮する奇想天外な言行はさまざまな〝禅僧逸話集〟となって、刊行されるようになっていきました。今日の禅ブームの先蹤というべきものです。ここでは、民衆との接触において発揮された「禅心のハタラキ」についていくつか挙げてみましょう。

禅の民衆化

これまではおおむね、修行のために見せる問答商量《もんどうしょうりょう》（商量は商人の取引のように、互いが値段を決めること。転じてお互いの禅心を確かめ合うこと）は、禅僧同士のあいだでのみなされていましたが、禅僧たちが一般社会において日常的に、無意識に見せる「禅心」は、次第に叢林《そうりん》の外に広がり、特別に禅の修行を経験していない一般の人々にも、思わぬ禅の眼を開かせるようになったのです。

日本近世の禅僧たちはこうして、坐禅修行を経験していない一般社会の人々にも禅を説いて聴かせたり、身をもって示して見せたりするようになります。こうして「禅の大衆化」が始まり、それまでは一般社会の人々と隔離され山林の奥深く伝えられていた禅の教えが、一般在家の人々に開放されるようになっていきました。

そうなると、一般社会に於ける禅僧の存在意義として、禅僧たちの修行の結果が、如何に一般社会の人びとにとっても意味を持つかが問われることになったのです。

盤珪和尚の不生禅《ふしょうぜん》

そのような社会的要求に応えた早い例として、先に挙げた盤珪永琢《ばんけいようたく》があります。盤珪の禅僧としての独得のハタラキは、多くの「逸話」となって、今日まで語り伝えられています。

この方は徳川時代の中期に、生まれ故郷である網干《あぼし》（兵庫県姫路市）を基点として全国を行脚し、武士や一般民衆を教化された、いわば在野の禅僧です。鎌倉時代からのいわゆる五山十刹を頂点とする中国宋朝禅の模倣ではなく、それらとは一線を画した、日本固有のオリジナルな「不生禅」というものを説かれたのです。

『盤珪禅師語録』の中に、この方の門人が記した、「御示しの聞き書」というものがあります。そのなかに、禅師自身が語られる禅心の素晴らしい告白があります。まず、盤珪自身がどのように苦労し、自分の禅心に気づかれたかについて、その修行ぶりを窺ってみましょう。

盤珪の説法

漸く成人いたして、幼年の頃爰元《ここもと》（この地方）には儒《じゅ》（儒教）がいかふはやりまして、身共《みども》も師匠取《ど》りをして、母が大学《だいがく》（四書五経の一つ）の素読をならはせ、大学を読ますするとき、大学の道は明徳を明らかにするにありといふ所にいたり、この明徳がすみませひで（理解できなくて）、疑わしくござって、久敷《ひさし》く此《こ》の明徳を疑ひまして、或るとき儒者衆に問いましたは、（中略）どの儒者も知りませひで、ある儒者のいひまするは、其のやうなむつかしき事は、よく禅僧が知って居る物じゃ程に、禅僧へ行ておとやれ（問へ）。（中略）

それから思ひよって、さる禅宗の和尚へ参じて明徳の事を問ひましたれば、明徳が知りたくば坐禅をせよ、明徳が知るる程にと仰られましたによって、それからして、直《じき》（すぐに）に坐禅にとりかかりまして、あそこな山へ入っては七日も物をもたべず、爰《ここ》な岩ほへ入っては直《じき》（真すぐに）にとがった岩の上に、きる物を引きまくって、直に坐を組むが最後、命をうしなう事をもかへり見ず、じねんと（自然に）こけて落ちるまで、坐をたたずに、食物はたれが持て来てくれふやうもござらねば、幾日も幾日も食せざる事が、まま多くござった。（中略）

あまりに身命をおしみませず、五体をこっかにくだきましたほどに、居しき（お尻）が破れまして、坐するにいかふ難儀いたしたが、其の頃は上根《じょうこん》（勢いがよく）にござって、一日も横寝など致さなんだ。然れども居敷が破れていたむゆへ、小杉原《こすぎはら》（薄紙）を一状（帖）づつ取りかへて、鋪《しい》て坐しました。（中略）其の数年のつかれが、後に一度に

発《おこ》りて、大病者に成りまして、彼の明徳はすみませず、久しう明徳にかかって、骨をおりましたわひの。（中略）

それから病気がだんだん次第におもって、身が弱りまして、後には痰《たん》を吐きますれば、おやゆびのかしら程なる血の痰がかたまって、ころりころりとまん丸に成って出ましたが、或るとき痰を壁に吐きかけて見ましたれば、ころりころりとこけて落ちる程に、ござったわひの。（中略）それゆへもはや死ぬる覚悟をして、思ひましたは、はれやれ是非もなき事じゃが、別《べつ》して残り多き事も外にはなけれども、唯だ平生《へいぜい》の願望が成就せずして、死ぬる事かなとばかり思い居りました。おりふしにひょっと一切事は、不生でととなふ物を、今まで得しらひで、扨々《さてさて》むだ骨を折った事かなと思い居たで、漸々《やうやう》と従前の、非をしってござるわひの。

（岩波文庫『盤珪禅師語録』四三頁以下参照）

不生の仏心

このように盤珪は、死を覚悟して血の滲むような修行をされて、遂に「一切は不生で調う」という、親から貰った「不生の仏心」に気づかれたのでした。そして生涯に亘って前代未聞の「不生禅」というものを説いて、多くの人びとに対して大慈悲心を発揮されたのです。

盤珪は、これまで私が「禅心」として説明してきたものを、「仏心《ぶっしん》」の一語で貫いておられます。たとえば次の「示衆《じしゅ》」（人々に禅を説くこと）を見ても、その親切が遺憾なく発揮されているではありませんか。原文に沿って写してみましょう。

身ども（私）仏法をも説かず、禅法をも説かず、ただ、人々具足《にんにんぐそく》したる仏心の貴き功徳を批判して（説いて）、埒《らち》の明《あ》く事でござる。それ故、仏語祖語《ぶつごそご》を引いて人に聞かせぬなり。只だ親の産み附けを、仏心の外には、余の物は一つもなし。それ故に仏心宗と云ふ。人々仏心の至て貴き事をしらざる故に、役にもたたぬ事に迷うなり。凡夫《ぼんぷ》となる始めより凡夫《ぼんぷ》の種とて一点もなし。皆な仏の種なれども是れを知らざる故、種々に流転《るてん》するなり。親の産み附けたる貴き仏心を凡夫に仕《つか》える事、大不孝《だいふこう》の至りなり。流転し死しなば、三途地獄《さんずじごく》に落つるより外《ほか》はござらぬ。是れは親に対し、不孝の上の大不孝なり。

（同『盤珪禅師語録』九六頁参照）

問う　私は生来の短気もので、これを直そうと思いますが、どうすればいいでしょうか。

盤珪　お前さんは、面白いものを持って生まれたのう。ここへそれを出して見せなさい。治してあげようじゃないか。

問う　今は出して見せられません。ときどき起こるのです。

盤珪　それなら、生まれつきとは言えない。ただ自分の身勝手で腹を立てておるだけだ。それを生まれつきだなどと、親のせいにするのは、ひどい親不孝というものじゃ。親の産みつけてくださったものは、仏心一つだけであって、それ以外のものは、何も産みつけておられない。すべての迷いは、皆な自分の身贔屓《みびいき》から出るもの。短気などというものが、どこにあろうか。

（同『盤珪禅師語録』九頁参照）

傍でそれを聞いていた、出雲の男が、

問う　和尚さんは不生の仏心でおれと言われますが、それじゃ人間は、何もしなくてこのままでいいのですか。

盤珪　仏心でいよと言うことは、そんなに軽々しいことではない。仏心でいることほど重く貴いことはないのだ。

(同『盤珪禅師語録』一三頁参照)

人のための修行

ところで盤珪は、そのように自分で苦労をして手に入れた「不生の仏心」を、説法を聴きに集まってきた人にはそんな苦労なしに教えてやりたいものだという、慈悲心いっぱいの人だったのです。ここにそういう盤珪の深い慈悲心を示す素晴らしい説法がありますので、要約しておきましょう。

例えば往来の旅人が高い山の中で、喉が渇いて水が飲みたくなっても水がないとき、誰か一人谷へ下りていき、大変な苦労をして漸く水を手に入れて帰り、そこで待っていた人たちに呑ませれば、何の苦労もせずに水を飲むことのできた人も、苦労して水を運んでくれた人と同じように喉を潤すことができるであろう。それなのに、その水を疑うようなことで、どうして渇きが止むことがありえよう。

私は目利きの人に出会うことができなかったので、随分と苦労をしたが、漸くにして自心の仏を見出すことができたので、皆さんにも苦労せずに自心の仏を知らせてやりたいと思う。是非皆さんも、自分が本来具えている仏心を用いて、苦労なしに心の安楽を味わって貰いたい、と思うのだ。こんな結構な教えがどこかあるだろうか。

（同『盤珪禅師語録』九六頁参照）

また、語録のなかに見える次のような話は、私にとってほんとうに忘れがたい話ですので写しておきましょう。

師（盤珪禅師）、平生《へいぜい》輿《こし》に駕《の》らるも、輿の中に在て蹲居《そんきょ》（屈んだままで腰を下ろさない）す。力士《りきし》（駕籠を担ぐ人）の重労するを思ふなり。

粥飯《しゅくはん》二時の外、一菓一菜も、衆《しゅ》（修行僧）に与へずして私《ひそか》に独り喫せず。二時の斎粥《さいしゅく》（朝昼の二食）も必ず自らまづ嘗《な》めて、而《しか》して後に大衆（修行僧たち）に供す。

大結成《だいけっせい》（大坐禅会）の時も、此《かく》の如く加減見て、衆にふるまひ、「皆《みな》これきれいでござる。大勢の衆は、身ども一人を見かけてござれば、それをそまつにしようやうはないことじゃ」とあって、一衆（集まっている全員）を憐愍《れんびん》すること常の如くにす。

一言半句《いちごんはんく》の示《じ》（お言葉）にも、此の如く、老婆の飯《はん》を咬《か》んで小児を養う。その鄭重慇懃《ていちょういんぎん》なること、言《げん》を以て、宜《ぎ》とす可からざるなり（口先ばかりではなかった）。


（同『盤珪禅師語録』四九頁参照）

白隠の民衆教化

この盤珪に、少し遅れて活躍されたのが、先に挙げた白隠慧鶴《はくいんえかく》でした。

駿河には　過ぎたるものが　二つあり
　富士のお山と　原の白隠

と詠われたほどの禅僧です。

白隠の禅僧としての偉大さは、本章の主題である慈悲行の実践としての、「民衆教化」をされたことであります。

白隠は、京都の大本山妙心寺に出世する（住持《じゅうじ》となる）ことを拒絶し、専らその生涯を、駿河の国の松蔭寺という小庵に過ごし、修行僧の指導に捧げ、他方で書画や詩歌を通して、一般在家の人びとのために坐禅を勧められたのです。

白隠が士農工商を問わず多くの人びとに送られた書簡が、今日たくさん残っています。それは白隠の語録に含まれていますが、手紙は平語《へいご》(日常語)でしたためられたものばかりです。

民衆のために民衆のレベルに立って、禅心を説いた白隠こそまさに大慈悲の人と言わずに何と言えましょう。

第十七章　禅者の涙

弟子の踏み台となる

さて、禅門において師が弟子に対して見せる慈悲心には、優しいものや厳しいものなど、さまざまなものがあります。そのいくつかを挙げてみましょう。例えば博多の仙厓《せんがい》義梵《ぎぼん》（一七五〇〜一八三七）の話を一つ。

その頃、聖福寺の近くに花街があった。ある弟子が夜中秘かに、道場の塀の下に岩を置き、そこから塀を乗り越えて遊びに出た。これを知った仙厓は、岩を除《よ》け、そこで坐禅をして、弟子の帰りを待っていた。深夜になって帰ってきた弟子が岩に飛び降りると、そこには和尚の頭があった。弟子は頭の傷ついた仙厓の前にひれ伏して詫び、以後は修行に専念した。

（禅文化研究所『禅門逸話選』上、二頁参照）

女を抱く

曹洞宗《そうとうしゅう》の原坦山《はらたんざん》老師（一八一九〜一八九二）が若い日、道友の九我環《くがかん》渓《けい》なる人と、諸国行脚をされていた時のこと。あるとき眼の前に、雨上がりで流れの増した小川を渡れず困っている一人の若い女の人を見つけた。これを見ると坦山はすぐさま駆け寄って、その人を抱いて向こう岸に渡したかと思うとサッサと行ってしまった。一キロも来たとき、口を閉ざし悶々としていた環渓が言った。

環渓　貴公は坊主の身でありながら、女を抱くとはけしからん。
坦山　えっ、貴公はまだ女を抱いておったのか。ワシはとっくに下ろしてきたのに。

（禅文化研究所『禅門逸話選』中、一五九頁参照）

病者の慰問

私が花園大学でお世話になった山田無文《やまだむもん》老師（一九〇〇～一九八八）は、私たちが学生のころ、毎年夏休みになると学生二、三名を引き連れて、瀬戸内海にある長島愛生園を訪ね、当時はまだみんなが嫌っていた「ハンセン病」の人たちを慰問されていました。

それを聴いて私は、禅僧ならではの老師の深い慈悲の心に打たれました。こうして若かった日の私は、世間から差別されて生きなければならなかった人たちへの深い眼差しというものを、初めて教えられたのでした。

私がアメリカに留学していた一九六〇年の秋のことです。ある日、学長の無文老師から、一通の航空便が届きました。それだけでも私は、どんなに嬉しかったことか。中から出てきたのは、短い筆書きの手紙と、老師が受け取られたらしい手紙から切り抜いた、三十枚ほどの「古い切手」でした。そして老師は、そのことについては一言も触れておられませんでした。私はそれを見て遥か彼方なる老師を想い、その優しい心に打たれて泣きました。

手荒な慈悲

東福寺の元管長、今は亡き福島慶道《ふくしまけいどう》老師（一九三三～二〇一一）から、私が直《じか》に聴いたご自身の話です。

私と同じ昭和八（一九三三）年生まれの慶道老師は、第二次大戦の末期、神戸で戦災に遇い、孤児となって途方に暮れた後、かつて戦時中に集団疎開したことのある岡山県井山《いやま》の宝福寺の岡田熙道《おかだきどう》老師（一九〇二～一九八八）

を訪ね、十三歳でその弟子になりました。

入門から十日ほど経ったある日のこと、慶道さんは本堂裏の廊下で、向こうからやってくる老師に気づきました。十三歳の慶道さんは、老師のために本堂の壁に身を寄せ、老師のお通りを待っていました。

すると老師は出会いがしらに、慶道さんの頬をぶん殴られたのです。訳の判らぬ慶道さんは、老師のお給仕に行ったときその訳を聴くと、老師はひと言、「老人に危険な方を歩かせるような、心配りのない人間があるかっ」と言われたといいます。

下座行

あれは私が京都東山の南禅僧堂で坐禅修行をしていた時のことです。ある日命ぜられて、同参の一人と、南禅寺派管長であられる嶋田菊僊《しまだきくせん》老師（一八七二〜一九五九）のおられる山内の南禅院へ、加担《かたん》（お手伝い）に出かけました。

午後三時頃になると管長さんが、「雲水さんや、早く風呂に入って、遅れぬように僧堂へ帰ってください」と言われるので、恐縮しながら二人でお風呂を頂きました。

入浴中、気配がするので風呂の窓を開けて見下ろしますと、白衣《はくえ》を着た八十歳位の老管長さんが、風呂の竈の前にかがんで追い焚きをしてくださっていたのです。

その慈愛溢れたお姿が、六十年後の今もなお脳裏に焼き付いて離れません。

第十八章　呵々大笑《かかたいしょう》

常識を超える

この小著も、あれこれ書いているうちに十八章となりました。皆さんには、私が申し上げたい「禅心」というものがどのようなものであるか、ほぼおわかり頂けたことと思います。

達摩いらい千五百年という長い歴史を通して、中国や日本の禅宗の祖師たちが求めた「禅心」というもの、それは私たちが日常生活において、「私はこう思います」と言って、簡単に説明できるものではない、ということです。

ふつう私たちの考えている自分の心というものは、ああだ、こうだと、他人事のように説明することができます。そういう心はやはり自分が自分で理解できるような、対象的、客観的に識っている心です。だからそういう自覚的な心は、そのまま人に対して、「私はこう思います」というように、説明することができる心です。

実際そういう自覚的な心があってこそ、自分という者の立場もはっきりするのであり、そういう自覚がなければ、自分と他人の区別もできないわけです。先にも述べましたように、近世の哲学者デカルトは、「我思う、故に我あり」と言って、自分というものの本質を「コギト（考える）」に限定しました。そういう心を、「エクステンサ（広がりをもつもの）」に過ぎない自分の身体や周りの人や物の世界と峻別し、「主体性のはっきりした」近世的、理性的人間を自覚させようとしたのには、それなりの意味があったのです。

一回、死に切る

ところが禅の祖師たちが求めようとした「禅心」は、どうやらそのようなデカルト的な反省的な心ではなく、その奥のもっともっと深い処にある心、掴むことのできない、いやむしろ、存在しないとさえいえるような心なのです。

だから禅宗の祖師たちは、そういう心を、両親もまだ生まれていなかった前からある超越的な心、すなわち、自分の意識によってはとうてい掴めない心、と表現したのです。そしてこれを、両親もまだ生まれていなかった前からある本当の自分、「父母未生以前《ふぼみしょういぜん》の本来《ほんらい》の面目《めんもく》」と呼んだのです。

そのような心は、坐禅して閑かに反省するようなレベルでは、とても掴むことはできないでしょう。だから閑かに坐禅するといっても、まだ求めようとする意識があるうちは駄目なのです。

祖師たちが、「大死一番《たいしいちばん》せよ」と言われているように、いちど自分の意識が無くなってしまうまで、坐り抜かなければならないのです。自分が坐っているところに、床も柱もなくなり、自分もなくなってしまうまで坐り抜いて、自分を脱出しなければならないのです。

そこからハッと意識が蘇ると、今まで見たこともないような現実世界が現われる。これを祖師たちは、「大死一番《たいしいちばん》、絶後《ぜつご》に蘇《よみがえ》る」と言っているのです。「大死」とはいうまでもなく、肉体的な生死の死ではありません。そのような肉体的な生き死にを超えた、身心脱落の大解脱をいうのです。

生きながら　死人となりて　なり果てて
思いのままに　するわざぞよき

生死の自分を脱出して、無生死《むしょうじ》の地平までおりていったところで、初めて出会うことができる本来の自分なのです。それどころかそこでは、「思いのままに」というように、一切が自由奔放となる、ということでしょう。いやいや、そこでは「釈迦も達摩も修行中」だった、というのですから、これこそ道元禅師が言われる「修証一如《しゅしょういちにょ》」ということろじゃないでしょうか。

呵々大笑《かかたいしょう》

ここまで日常的自己を超越し、父母未生以前の自分と出会った祖師たちには、もはや言葉による自己表現などは無用なのでしょう。ただ彼ら同士はお互いに、言葉などにはならないものを共有しているのです。それかあらぬか彼らはお互い同士、出会えば言葉なくして「呵々大笑」するばかりなのですね。

カトリック修道士たちを見ていますと、時として似たような逸話はあるようですが、やはり彼らにはどうやら、真理伝達の方途としての「笑い飛ばす」ということはないように見えます。ふつう宗教者たちにとって、宗教というものはいずれも厳粛なものであり、笑って済むようなものではないのでしょう。

ところが禅宗では、いわゆる祖師たちの全身を揺すぶって吐き出される「呵々大笑」は、如何なる解釈も許さない全身全霊の爆発として、修行者は畏れるのです。

逆に、苦しい修行によって自分を超える脱自己の経験を持った人同士が出会えば、一見弁見、お互いに呵々大笑するだけで、何も話す必要がないのですね。そういう世界では、理屈っぽい言葉は無用。当意即妙のコミュニケーションあるのみなのです。それこそ禅心同士が衝突して起こる、大爆発でありましょう。禅録にはしばしば、この「呵々大笑」の場面が出てきます。例を二三、挙げてみましょう。

ある僧が桐峰庵主《とうほうあんじゅ》の処にやって来て、「ここで虎に遭ったら、どうされますか」と訊ねた。桐峰庵主はいきなり「ウオー」と虎の吽り声を上げた。僧は、「あな恐ろしや」と身を避けた。庵主は呵々大笑した。

（筑摩・禅の語録15『雪竇頌古』二四三頁参照）

この呵々大笑は、相手の深いこころを見抜いた庵主の、言葉にならない大満足を示しているのでしょう。

あの趙州従諗《じょうしゅうじゅうしん》が、天台山の国清寺に登っていくと、たまたまそこに遊んでいた寒山《かんざん》、拾得《じっとく》の二人に出会った。そこで趙州が、「随分と長い間、貴方たち二人にお出逢いしたいものと願っておりましたが、こうして出逢ってみれば、唯だ二頭の牛だったんですね」と言うと、二人はお互いが角を立てて、闘う所作をして見せた。

これを見ると趙州は、「しっ！しっ！」と追い払う真似をした。二人はいよいよ歯を剥き、咬み合う所作をした。

趙州が国清寺の道場に入っていくと、あの二人がやって来て、「さっきのお芝居は、どうでしたかな」と言った。趙州は身体を揺すぶって、呵々大笑した。

（筑摩・禅の語録11『趙州録』三九一頁参照）

臨済が黄檗の道場を去ろうとすると、黄檗が、「これから先、どこへ行くつもりだ」と訊いた。臨済が、「河南でなければ、河北ですわい」と言うと、黄檗が臨済を棒で打った。

すると臨済は師の黄檗の首を押さえて、逆に一発喰らわした。黄檗は呵々大笑して侍者《じしゃ》（側近の弟子）を呼び寄せ、禅心伝達の証拠として臨済に、百丈から譲り受けていた「禅板《ぜんぱん》」（坐禅したまま顎を載せて眠るための板）と「几案《きあん》」（小さな机）を与えられた。

（筑摩・禅の語録10『臨済録』二一〇頁参照）

禅僧の機知

中国でも日本でも、近代になると、そういう悟りの智慧を持った禅僧が、山から下りてきて世俗世間の中に入ってきたことは、既に述べた通りです。すると禅僧たちが見せる無意識な行為や言葉が、世俗の人間からすると、とてつもなく奇異に見えたのです。

それは「頓智《とんち》」とか、「機知《きち》」（ハタラク智慧）として、世間の人びとの心の眼を開かせました。

このような禅僧だけが持つ独得の智慧は、他人に倣って身につけたものではなく、その禅僧自身の禅心から迸《ほとばし》って出る智慧ですから、「般若の智慧」とも呼ばれ、たった一言で、人びとの心眼を開かせたのです。

頓知の一休

わが国におけるその代表的な人といえば、皆さんご存知の一休宗純《いっきゅうそうじゅん》（一三九四〜一四八一）です。一休の場合は、幼少の頃から、大人顔負けの頓知に恵まれていたようです。「一休頓知話」は、誰でもご存じですね。

檀家の蜷川新左衛門《になかわしんざえもん》が、革の袴を着て、養叟《ようそう》和尚を訪ねて寺にやって来た。小僧の宗純《そうじゅん》（一休の僧名）は、いきなり新左衛門を棒で叩いた。新左衛門が驚くと、「寺の太鼓にも革が貼ってあるので、毎日バチで叩いているんです」と言って、新左衛門を驚かせた。

（禅文化研究所『一休ばなし集成』六頁参照）

その後、新左衛門が養叟和尚と一休にお斎《とき》（昼ご飯）を差し上げようと招待し、先日の仕返しにと門前の橋に高札を立て、「このはしをわたる事、かたくきんぜいなり」と書き付けておいた。

これを見た師の養叟和尚が、「どうするんだ、一休」と言われると、一休は、「はしをわたるな」と書いてあるからにはと、橋の真ん中を、大手を振って渡って入っていった。（同『一休ばなし集成』七頁参照）

ある家の亭主が一休をやっつけてやろうと、「沙門《しゃもん》（坊さん）たるものは、忍辱《にんにく》（辛抱こと）の衣と罪障懺悔《ざいしょうさんげ》（罪を悔いること）の袈裟《けさ》を着けてこそ僧と言えるのに、いくら小僧とはいえ、普段用の着物を着てくるとは、なんたることですか」と詰《なじ》ると、

着てきたぞ　本来空の　黒衣《くろごろも》
袖《そで》長からで（ながくないので）　人こそは知らね

と、歌をもって答えた。旦那も和尚も口が開いて塞《ふさ》がらなかった。

（同『一休ばなし集成』七頁参照）

私の着ている衣は、「空《くう》の衣」です。袖の長い衣でないので、それがおわかりにならないとは残念、という意味ですね。

仙厓和尚の面目

少し後に生きた博多の仙厓義梵《せんがいぎぼん》という禅僧も、逸話の多い人です。

仙厓が江戸から博多へ帰られるとき、箱根の関所で役人が、仙厓を尼僧と間違えて呼びとがめした。仙厓は一言も言い訳せず、いきなり衣の裾をまくり上げ、股間の一物を露呈して呵々大笑。あんぐり口を開けて居る役人を尻目に、すたすたと関所を通交し去った。

（禅文化研究所『禅門逸話選』上、二一頁参照）

ある檀家の新築祝いに招かれた仙厓は、お祝いに揮毫を所望されると、「ぐるりっと家を取り巻く貧乏神」と書いた。家人が縁起でもないとむくれると、一行書き添えた。「七福神は外に出られず」。家人は大喜びしたという。

（同『禅門逸話選』上、一〇頁参照）

天保八年、仙厓は病を発して床に付いた。十月、危篤となり、弟子たちはその床を囲んだ。「和尚さん、最後に何か一つお言葉を」とお願いすると、仙厓は、「死にともない、死にともない」と言った。「天下の名僧ともあろう方が」と言うと、「ほんまに、ほんまに」と言われた。

（同『禅門逸話選』上、三一頁参照）

終章　わが師 南明和尚の深恩

如法綿密《にょほうめんみつ》の人

最後に、私が二歳で両親を離れ、この寺に貰われてきてから、禅僧の生き方を身を以て示されたわが受業《じゅごう》の師、南明宗寿《なんめいそうじゅう》和尚（一八九一〜一九六七）の人知れぬ陰徳行《いんとくぎょう》について、冥界の和尚に叱られることを承知で、敢えて語ることをお許し願います。

小学校三年生で愛知の民家から引き抜かれ、滋賀県の禅寺、徳昌寺の小僧となったわが育ての慈父、宗寿和尚は、この辺りの禅僧仲間でも有名な枯淡質朴の人でした。

十年のあいだ美濃（岐阜県）の虎渓山永保寺《こけいざんえいほうじ》僧堂で修行された和尚は、師匠から送られてきた一通の手紙によって、この貧乏寺の興福寺（今、私の住んでいる寺）の住職になったのです。

和尚は毎朝、必ず五時に起きて山門を開き、暁鐘《ぎょうしょう》（朝を告げる鐘）を撞《つ》き、一時間ばかりの朝課《ちょうか》（朝のお経）を欠かさず、一生を通じてその九〇パーセントは庭の掃除に明け暮れ、指は荒れていつも血が滲んでいました。

そして、ある夏の日の炎天下、庭の草引きをしていてぶっ倒れ、その七十七年の生涯を終えられたのでした。

生涯を通じて、自ら温泉旅行をされたことは、一度もありませんでした。

晩年、私が旅費を奮発して行って貰った日光旅行が、唯一の遊山となりました。生来、そういう人だったのです。師匠は、決して辛抱されたわけではないのです。

枯淡質朴の生活

このように如法綿密（禅僧としての生活を崩さない）な和尚は、人に坐禅の指導をしたり禅の話をすることは、一度もされなかったのです。それを思うと、坐禅も不十分、生活もでたらめな私は、今に到って慚愧の念一入《ひとしお》です。

檀家から貰ったお布施の紙は、伸ばして座布団の下に敷き、五年に一度、それをつないで、庫裏《くり》の障子を貼り替えられました。

師匠は無心でそのような陰徳を積まれたのですが、檀家の人たちはそれを見て、どれほど心を動かされたことでしょう。障子にはいつも、お布施の額が斜めになって、人目に曝されていました。障子を貼り替えるごとに、古い紙は竹筒に巻き、日常それをチリ紙として用いられていました。

また、庫裏の畳には、年中、畳を守る茣蓙《ござ》（上敷き）が裏返して敷いてあり、賓客があるときはその茣蓙を表に返すだけでした。私は子供の頃から平素、本堂以外に縁《へり》の付いた畳など、見たことがありませんでした。

日常、庫裏には四〇ワットの薄暗い電灯がただ一つだけ。長いコードを引いて、台所や居間へと引っ張り回したものです。

返せぬ大恩

南明和尚は毎晩夕飯が済むと、頑是ない私を箱火鉢の前に坐らせ、暗い電灯の下で、経本の一字一字を指しながら、『般若心経』を教えてくださった。こうして私は、お経の読み方を叩き込まれたのでした。

また、小学五年生まで寝小便が止まなかった私は、夏には冷たい水を飲むことや、水泳に行くことを禁じられました。それを守らずこっそりと出て行こうとする私の脚を自分の脚と腰紐でつないで昼寝をされ、私を寝小便の恥ずかしさから守ってくださったのです。

私が南禅寺僧堂で修行していた時のこと。僧堂から二夜三日《にやさんにち》（師匠の願いによって許可を得、自坊へ帰ること）を貰って帰ってきますと、私の勉強部屋の小机の前に座布団が敷かれてあり、綺麗に調えられた火鉢には、平素は焚かない炭が、こんこんと燃えていました。

和尚が不在だったので養母に尋ねてみると、普段から酒など一滴も口にしない和尚が、私のために隣村の造り酒屋まで歩いて酒を買いに行っておられるとのこと。私は帰って来られた師を見て深々と低頭し、僅か一合の酒を、涙しながらゆっくりと頂いたのでした。

これ以上、私が師の南明和尚から蒙ったお慈悲について、物々しく語ることは、却って和尚の尊い陰徳を穢すことになります。禅語に、「父は子のために隠し、子は父のために隠す」とあります。

明治生まれの和尚の深い「禅心」は、美濃の国の虎渓僧堂での、十年になんなんとする修行によって磨き上げられたものであります。その深い禅心から迸《ほとばし》り出た陰徳行と慈悲行は、こうして私の肌に今も深く染み込んでいるのです。

今は亡きわが師南明和尚から蒙った、このような禅僧の深い智慧と慈悲の、万分の一にも報いることなく漫然と生きてきた自分を、わが老いとともに、ようやく羞入《はじい》るばかりの昨今であります。

主たる参照文献

○『一休ばなし集成』、三瓶達治＋禅文化研究所編、禅文化研究所、平成五年
○日本の禅語録1『栄西』、古田紹欽著、講談社、昭和五十二年刊
○『景徳伝灯録』、禅文化研究所基本典籍叢刊
○『訓読　五灯会元』全三巻、能仁晃道訓読、禅文化研究所、平成十八年
○『校訂本　宗門葛藤集』、道前宗閑著、禅文化研究所、平成二十二年
○『鈴木大拙全集』第一巻、鈴木大拙著、岩波書店、昭和五十五年
○禅の語録1『達摩の語録』、柳田聖山訳注、筑摩書房、昭和四十四年
○禅の語録4『六祖壇経』、中川 孝訳注、筑摩書房、昭和五十一年
○禅の語録6『頓悟要門』、平野宗浄訳注、筑摩書房、昭和四十五年
○禅の語録7『龐居士語録』、入矢義高訳注、筑摩書房、昭和四十八年
○禅の語録8『伝心法要・宛陵録』、入矢義高訳注、筑摩書房、昭和四十四

年
○禅の語録9『禅源諸詮集都序』、鎌田茂雄訳注、筑摩書房、昭和四十六年
○禅の語録10『臨済録』、秋月龍珉訳注、筑摩書房、昭和四十七年
○禅の語録11『趙州録』、秋月龍珉訳注、筑摩書房、昭和四十七年
○禅の語録15『雪竇頌古』、入矢義高・梶谷宗忍・柳田聖山訳注、筑摩書房、昭和五十六年
○禅の語録18『無門関』、平田高士訳注、筑摩書房、昭和四十四年
○禅の語録19『禅関策進』、藤吉慈海訳注、筑摩書房、昭和四十五年
○『禅門逸話選』全三巻、禅文化研究所編著、禅文化研究所、平成三年
○『大雲祖岳自伝』、原田祖岳著、大雲会、昭和三十五年
○『新編　白隠禅師年譜』、芳澤勝弘編著、禅文化研究所、平成二十八年
○『馬祖の語録』、入矢義高編、禅文化研究所、昭和五十九年
○『盤珪禅師語録』、鈴木大拙編校、岩波文庫、昭和四十一年

○『夢中問答入門』、西村惠信著、角川ソフィア文庫、平成二十六年
○『維摩経ファンタジー』、西村惠信著、禅文化研究所、令和三年
○大乗仏典7『維摩経・首楞厳三昧経』、中央公論社、昭和四十九年
○『臨済宗勤行聖典』全三巻、禅文化研究所編、禅文化研究所、平成七年

あとがき

新型コロナウイルスのために、いま世界中の人びとが共通の苦難に襲われています。これは人類が今までに授かったことのない、天の賜物じゃないだろうか、そんなことを私は思っています。

人類は今まで、戦争という無惨な行為によって、お互いの命を奪い合ってきましたが、この狭い地上に住む人びとが、今日のように、国境を越えてお互いの命を守るための協力をするなどということは、未だかつて例のなかったことでしょう。

世界中の人は今、社会の活動を拒否され、やむなくそれぞれの家庭の中に封じ込められています。それまでは家庭のことを忘れて職場に出かけ、あたふたと終日世間の中を駆け巡っていた人たちが、いま初めて家庭の中で、自分や家族の一人ひとりと向き合い語り合うなどとは、今まで思いもしなかったことです。

そういう私自身も、今日のように外に出られず、書室に蟄居させられて机に向かい、さて、今日は何をして過ごすかと腕を組むようなことなど、かつてなかった話です。

コロナが始まった頃、今までから気になっていた身辺の整理から始め、今まで買ったままに積んであった、すぐに役立ちそうにもない古い本を、静かに読み返すことを思いつきました。

こうして今さらの如く、改めて教えられることの多い、実に生産的な日々となったのです。生産的と言えば私は、コロナが始まってから暇に任せて書いた本が、本書を含めてもう三冊目。ことさらに出版の予定もなきまま、禅僧の語録などをあちこち読み直しているうち、やはり禅というものはこれに尽きるのではないか、生きているあいだにこれらを纏めて、自分が歩んで来た、そして多くの人びとから教えられた禅の道を纏めておきたい、そう思い立ったのです。

仏縁浅からずして、まだ頑是ない二歳の頃、この稀な禅という世界へ連れ込まれてから八十数年。「この道しかない、この道を歩む」と横目も振らず、ひたすら歩き続けてきたこの禅学研究の一筋道。本書はいわば、そういうわが人生の総括でもあります。

とまれ本書は、こうして思い付くままに、筆に任せて書き連ねた独りよがりの小著ですが、せめても私の遺著としてお受け取り願えれば幸いです。

終わりに、私の走り書きを綿密に校正して頂いた禅文化研究所の田中夏実さんと、内容や表現について厳しい訂正やアドバイスをしてくれた愚息恵学の努力に対して感謝の意を表します。

令和三年九月晦日

自坊　三余居にて　八十八翁　恵信　識す

西村恵信（にしむら・えしん）

1933年滋賀県に生まれる。花園大学仏教学部卒業後、南禅僧堂柴山全慶老師に参禅。1960年米国ペンデルヒル宗教研究所に留学し、キリスト教を研究。1970年京都大学大学院博士課程修了。文学博士。元花園大学学長、前禅文化研究所所長。2018年、（公財）仏教伝道協会より第52回仏教伝道文化賞を受賞。三余居と号す。著書に『己事究明の思想と方法』（法藏館）、『無門関』（岩波文庫）、『禅坊主の後ろ髪』、『無門関プロムナード』、『臨済録をめぐる断章』、『十牛図―もうひとつの読み方』、『禅語に学ぶ―生き方。死に方。』および『同』向上編、『維摩経ファンタジー』（以上、禅文化研究所）ほか多数。

禅心の光芒

令和3年11月18日　初版第1刷発行

著　者　西 村 恵 信

発　行　公益財団法人 禅文化研究所

〒604-8456　京都市中京区西ノ京壺ノ内町8-1
花園大学内

TEL 075-811-5189　info@zenbunka.or.jp

https://www.zenbunka.or.jp

印　刷　ヨシダ印刷株式会社

ISBN978-4-88182-329-3 C0015